W

Elisabeth Gschaider

Kairo heute

Zwischen Demos und Pharaonen

Wiesenburg Verlag

Bibliographische Information der Deutschen Nationalbibliothek:

Die Deutsche Nationalbibliothek verzeichnet diese Publikation
in der Deutschen Nationalbibliographie;
detaillierte bibliographische Daten sind im Internet
über http://dnb.d-nb.de abrufbar.

1. Auflage 2012
Wiesenburg Verlag
Postfach 4410 · 97412 Schweinfurt
www.wiesenburgverlag.de

ISBN 978-3-942063-94-4

I want to wake up in a city that never sleeps
Cairo, Cairo!

Frei nach Frank Sinatra

Kairo ist eine Wüstenstadt. Beim Landeanflug fällt einem beim Blick aus dem Flugzeugfenster abrupt ein Wort ein: Afrika. Faszinierend die ocker – gelb – grau Schattierungen des Sandes, eventuell durch Grasbüschel gepunktet, wenn es gerade mal geregnet hat. Ein müder Soldat, das Gewehr pflichtbewußt geschultert, kehrt dem Flugzeug den Rücken zu und starrt ins Weite. Vorerst bleibt die Hitze und Trockenheit draußen vor dem Fenster, denn den Gast empfängt die moderne Kühle des Kairoer Flughafens Almasa. Benannt ist er nach einem Altösterreicher, der nicht nur langjähriger Fluglehrer in Ägypten war, sondern auch als Spion im Zweiten Weltkrieg tätig war und mit Geldern von Prinz Kamal ed-Din ausgestattet durch die Wüste streifte. Das abenteurliche Leben von Ladislaus Almasy, dessen Familiensitz noch heute im burgenländischen Bernstein steht, wurde unter anderem von Hollywood verfilmt.

Während die Laufbänder einem vorwärts ziehen, die Eiseskälte der Klimaanlage die Schultern verspannen läßt, scheint die Wüstenlandschaft außerhalb des Gebäudes unwirklich. Und dem angeblichen orientalischen Chaos wird man im Flughafen auch nicht gewahr. Richtig glücklich scheint der Reisende, wenn da die Klofrau mit Kopftuch auftaucht und der smarte Bursche in weißer Polizeiuniform mit dem krausem Haar afrikanisch wirkt. Also doch angekommen. Also doch der Orient. Der afrikanische Orient.

Vorerst wird es aber bürokratisch. Nachdem die Landekarte schon im Flugzeug ausgefüllt wurde, braucht man sich nur noch ein Visum von einem der Bankschalter kaufen. Anders als etwa für einreisende Ägypter in die EU – Burg, die ein langdauerndes Prozedere vor der Abreise durchlaufen müssen, braucht der Europäer für das ägyptische Visum dem Beamten bei der Ankunft nur achtzehn Euro hinlegen. Das erworbene Visum wird dann am nächsten Schalter von einem anderen Beamten in den Paß geklebt und gestempelt und von einem weiß gekleideten Polizisten anschließend nochmals überprüft – auf geht's zum Gepäcklaufband! Bunt geklebte Kartons spuckt die Lucke aus, überall steht der Name Mohamed Idriss darauf, danach erscheint lange kein Gepäcksstück mehr, aber das Display zeigt hartnäckig an: „Vienna. First lugguage 19:13. Last lugguage:_" Also warten die Flugzeuggäste geduldig, bis endlich wieder Kartons und einige Koffer ausgespuckt werden - dann wieder nichts. Nachdem sich nochmals zehn Minuten lang kein Gepäckstück gezeigt hat, verliert ein Vorarlberger die Geduld. Aber die dickbäuchigen Beamten vom Gepäckservice schauen zwar ernst durch die Scheibe, bedauern aber nichts machen zu können. Der Reisende müsse warten, alles brauche seine Zeit. Also doch! Es stimmt also das Klischee von der Geduld, die man braucht beim Reisen im Orient!

Nach etwa einer Stunde verlasse ich schließlich den Flughafen mit Gepäck. Ich werde abgeholt und brauche mich diesmal um kein Taxi kümmern. Wie immer laufen aber Krawattenträger bei den Gepäcksbändern herum und bieten Fahrmöglichkeiten an. Hier kann man gleich sein Geschick beim Verhandeln testen! Ein Ägypter zahlt nicht mehr als vierzig, fünfzig Pfund für die Fahrt vom Flughafen in die Stadt. Schafft es ein ausländischer, vor allem dem Arabisch nicht mächtiger Tourist, die Fahrt um neunzig Pfund zu bekommen, kann er sich glücklich schätzen. Die meisten, hört man, zahlen über hundert Pfund für die Fahrt. Da ein Euro zwischen sieben bis acht ägyptische Pfund wert ist und Autofahren in Kairo sehr stressig ist, sind die etwa achtzehn Euro, die man für eine Fahrt durchschnittlich zahlt, für europäische Verhältnisse immer noch angemessen. Die meisten Touristen werden aber ohnehin vom Hotel abgeholt, in dem sie gebucht haben. Das macht wohl auch Sinn, um den Aufenthalt in Kairo nicht mit Streß zu beginnen.

Streß!? Sind Sie alarmiert? Nun ja, bedenken Sie: Kairo ist die größte Stadt Afrikas, mit den etwa 20 Millionen Einwohnern auch eine der größten Städte der Welt.

Außerdem – spätestens jetzt, wo Sie den Flughafen mit Gepäck verlassen, spüren Sie es – Kairo liegt nicht nur am Nil, vor allem liegt es mitten in der Wüste!

Aber, bitte, das sollte Sie nicht abschrecken, denn gerade deshalb kamen unzählige Reisende vor rund hundert Jahren hierher. Die trockene Hitze galt als gesund bei Asthma und auch heute tut die trockene Hitze etwa einem Neurodermitiker besser als die Schwüle, die manch Wiener Sommertag mit sich bringt.

Die Qualität der Luft allerdings hat sich seit dem Neunzehnten Jahrhundert ganz sicher verschlechtert. Schon auf dem Weg vom Flughafen in die Stadt wird Ihnen bewußt, dass bei diesem Verkehr Smog hier wohl kein Thema mehr ist sondern ein Alltagszustand. Dennoch können Sie ihn noch erleben, den Sternenhimmel über dem Nil, vor allem, wenn Sie in der angenehmen Jahreszeit, im Herbst oder im Frühjahr, nach Kairo reisen.

Wie jeder Städtetrip ist auch der nach Kairo mehr Erlebnis als Erholung, mehr Kunst und Kultur als Sport und Spiel. Die Stadt am Nil, die Mutter aller Städte, wie Kairo auch genannt wird, bietet vor allem eines: pulsierendes Leben zwischen Orient und Okzident, zwischen Afrika, Arabien, Europa, zwischen Levante und Nubien, zwischen Moderne und Altertum. Günstige Flug – Hotel - Kombipakete von bekannten Reiseanbietern sind für Kairo ebenso möglich wie die selbstgebastelte Zusammenstellung der Individualtouristen.

Nehmen wir an, Sie sind gelandet, haben ausgecheckt und sitzen nun im Taxi auf der Fahrt nach Downtown Kairo. Sobald man den modernen Kairoer Flughafen verlassen hat, geht es los mit dem Wirr-Warr des großangelegten Kairoer Straßennetzes rund um die Stadt. Bei der Auffahrt muß man Maut zahlen. Überall Straßenbeleuchtung. Überall Straßenschilder. Palmen stehen am Straßenrand. Die Fahrt geht am Stadion, der Militärakademie, dem Almasa Air Base (wieder nach dem österreichisch-ungarischen Helden benannt) und weiter am Museum des 6.Oktober vorbei. Die große Dreiecksskulptur, die wie eine Einrahmung der Pyramiden in Miniaturform wirkt und auf einen erhöhten Platz gut beleuchtet steht, ist das Denkmal des Unbekannten Soldaten von Sami Rafei. Hier wurde der damalige Präsident Anwar el-Sadat 1981 erschossen und sein Nachfolger Hosni Mubarak, damals Vorsitzender der Luftwaffe, stand daneben. Die Skulptur wurde zur Erinnerung an den Jom-Kippur-Krieg 1974 errichtet. Die Pyramidenform bildet praktisch das Grabmal für die Toten. Außerdem zählt der Künstler 71 zufällig gewählte ägyptische Namen auf, die in kufischer Schrift die Mauern schmücken.

Es ist der King Khaled Motorway und der Verkehr ist dicht. Geschickt schlängeln sich die Taxifahrer vorwärts oder aber fahren dem Vordermann rücksichtslos auf die Stoßstange. 1,3 Millionen registrierte Autos sind in Kairo unterwegs und man schätzt, etwa nochmals so viele unregistrierte. Im Jahre 1979 sollen es noch 316.000 registrierte Autos gewesen sein und dennoch sind die Berichte aus der Zeit schon voll von verstopften Straßen und Hupkonzerten.

Die Luft ist trocken und heiß. Sollten Sie sich kein Wasser mehr gekauft haben nach der Ankunft, könnte es sein, dass Sie jetzt schon darum ersuchen, doch schnell mal anzuhalten, um eine Wasserflasche zu kaufen. Der freundliche Schnauzbartträger an der Kasse winkt hinterher: „Welcome in Egypt!“ Es verwundert mich manchmal, warum der Ägypter nach den Kreuzzügen, Napoleon, den französischen und britischen Kolonialherren, den italienischen und deutschen Faschisten, dem Nachkriegspoker und der zähen Politik des Westens während der Revolte Anfang 2011 den Glauben an das gute Auskommen mit dem Europäer noch immer nicht verloren hat! Ich muß auch an Emil Ludwigs Seufzer denken: “Was hat ihm [dem Ägypter] Europa gebracht? Seife und Autos!“ Später las ich dann bei dem

Erfinder von Sherlock Holmes, Arthur Conan Doyle, dem „idealistischen Imperialisten“ (Hillich), dass ein Fräulein Adams 1895/96 in Kairo eintraf, die meinte, aus Ägypten Massachussetts USA machen zu müssen. Zum Glück hat sie das doch nicht geschafft, auch wenn Mc Donalds und Kentucky Fried Chicken der Mission der Jungfer aus Boston Jahrzehnte später folgten.

Der Verkehr wird immer dichter, die Straßen verlaufen ober- und untereinander, gehen im Kreis oder laufen parallell. Oftmals glaubt der Unkundige, genau an dieser Schleife doch schon mal im Stau gesteckt zu haben – man verliert im Straßenwirrwarr wahrscheinlich leichter die Orientierung als im Basar.

Überall wird natürlich gehupt. Je näher man der Innenstadt kommt, umso öfter sieht man Fußgänger geschickt und schnell durch die dichten Autokolonnen jonglieren. Das ist für einen Neuankömmling wohl das Nervenaufreibendste – Straßenregeln wie in Europa kann man hier vergessen. Es zählt den Blickkontakt zu suchen im Straßenverkehr und rasch zu agieren. Wer nicht absoluter Vielfahrer und zwar auf der ganzen Welt ist, sollte es lieber nicht probieren, auf Kairos Straßen selber Hand ans Steuer zu legen.

Zurückgelehnt beobachte ich, wie sich der Fahrer mal links, mal rechts weiterschlängelt, mit viel Gehupe sich zu seiner Abbiegerspur durchkämpft und genieße die Geräuschkulisse der Großstadt, die, je näher wir der Innenstadt kommen, immer vielfältiger wird.

„Das zuverlässigste Verkehrsmittel sind zweifellos die eigenen Beine“ schrieb Klaus Polkehn 1979. „Die Straßenbahnen sind nicht weniger malerisch mit Fahrgästen behangen. [Anm.: als die überfüllten Autobusse]. In vielen Taxis drängen sich viele – zu viele Kunden. Die Schnellbahn hinaus nach Heluan bietet einen ähnlichen Anblick.“ Noch auf derselben Seite wartet er mit einer Erklärung auf: „ Die Bevölkerung Ägyptens hatte sich schon von 1907 bis 1960 verdoppelt, und 1966 lebten mehr als 12 Millionen Ägypter in den Städten des Landes. Allein in Kairo waren es in jenem Jahr 4,2 Millionen Menschen, und neun Jahre später wurden im engeren Stadtgebiet Kairos mehr als sechs Millionen Menschen gezählt; in Groß-Kairo kam man auf 8,7 Millionen. Fast scheinen die Statistiken stolz auf ihre prächtigen Zahlen zu sein, wenn sie nun noch vorrechnen, daß Kairo die am schnellsten wachsende Stadt der Welt ist."

Nehmen wir an, Sie haben das Happy City Hotel der ägyptischen Hotelgruppe Happy Life Hotels auf der Mohamed Farid Straße, gleich beim Abidin Palast, gebucht. Oder, sollten Sie Lonely Planet Fan sein, steigen Sie wahrscheinlich im beliebten Hostel „Roma" ebenfalls auf der Mohamed Farid Straße ab. Beide Unterkünfte liegen in dem vom europäischen Baustil geprägten Innenstadtviertel Downtown in der Nähe von U-Bahnstationen. Kairo ist die einzige Stadt Afrikas, die eine Untergrundbahn hat und obwohl es bisher nur zwei Linien sind, ist sie goldeswert. Die Stationen sind übersichtlich und sauber. Es kostet einen Pfund in eine Richtung, egal wie weit Sie fahren. In der Mitte eines U-Bahnzuges sind Damenwaggons. In diese dürfen wirklich nur Frauen einsteigen. Ich erlebte einmal, wie Frauen mit ihren Fäusten und Handtaschen gegen zwei Männer vorgingen, die meinten in einen für Frauen reservierten Waggon zu kommen. Normaler Weise aber halten sich die Männer strikt daran, nur die gemischt – besuchten Waggons aufzusuchen. Auf diese Art und Weise können auch Frauen und Mädchen aus konservativen Familien alleine mit der Metro fahren. Apropo Metro – die U-Bahnstationen sind wie in Paris etwa mit einem weisen „M" auf blauem Untergrund für „Metro" markiert.

Sind Sie beim Abidin Platz an der Naguib – Station oder dort in der Nähe untergebracht, empfehle ich Ihnen die Croissants und das traditionelle Plundergebäck in den Bäckereien ringsum zu probieren, es schmeckt wunderbar! Ich habe außer in der Mohamed Farid Straße ähnliche

Bäckereien nur im Stadtteil Dokki an der gleichnamigen Metrostation an der Dokki Straße entdeckt. Also, greifen Sie zu!

So gestärkt könnten Sie mal über den Kreisverkehr stadtauswärts zum Abidin Palast schauen und fragen, ob er wieder geöffnet ist – wenn ja, dann gehen Sie doch gleich hinein. Schon vor der Revolution 2011 war das Museum zumeist geschlossen und Teile des Gebäudes mit Stacheldraht umspannt. Hier wohnte König Faruk bis zu seiner Entthronung durch die Freien Offiziere beim Putsch von 1952. Zu sehen gibt es neben den Prunkräumen und Schlafgemächern wertvolles Porzellan, Silberbesteck und Antiquitäten aus allen Epochen und Weltregionen. Im Jahre 1981 soll hier in einer hundertfünfzig Quadratmeter großen Suite der österreichische Ex-Bundeskanzler Bruno Kreisky geflucht haben, weil er den Lichtschalter nicht fand und deshalb nicht schlafen konnte.

Die Metrostation bei Abibin ist übrigens nach General Mohamed Naguib Youssef, einem der Freien Offiziere und Weggefährten des charismatischen Gamal Abdel Nasser, benannt. Naguib führte als Staatsoberhaupt der Republik die Geschicke des Landes, bevor 1954 Nasser an die Staatsspitze trat. Naguib, der durch und durch eine Militärperson war, zog sich aus dem politischen Leben zurück und bald auch aus dem militärischen. Er ist in der Gesellschaft aber als derjenige, der am 23. Juli 1952 die Monarchie stürzte und die Republik ausrief, in Erinnerung geblieben. Da er sich im Gegensatz zu Nasser aus der Politik zurückzog, spalten sich bei ihm auch nicht die Geister. Er starb 1984.

Die Mohamed Farid Straße selber ist auf alle Fälle auch einen Spaziergang wert. Es befinden sich hier auch etliche Banken und Bankomaten zum Geldwechseln und Geldabheben. Linker Hand steht die St.Josephs Kathedrale mit angeschlossener Schule. Wer über den hübschen Mustafa Kamil – Platz geradeaus weiter geht, gelangt noch vor der

Adly Straße zu zwei erwähnenswerten Buchhandlungen, die in englischer Sprache alles anbieten, was der Leser begehrt: ägyptische Geschichte, Reiseführer, Romane aus der arabischen Welt und Fotobände zur ägyptischen Revolution 2011 stehen in den Regalen und teilweise in den kleinen Schaufenstern. Wer eintritt, sieht aber wieviel hier Platz hat, da sich die Geschäftslokale weit nach hinten ziehen. Der Anglo-Ägyptische Buchladen mit den schwarzen hohen Holzregalen besteht seit über siebzig Jahren als Familienbetrieb. An den meisten Tagen steht die komplette Familie im Geschäft und vor allem die Herren zelebrieren ihr perfektes Cambridge - Englisch.

Zurück zum Platz! Mustafa Kamil (1874 – 1908) war Nationalist und großer Wortführer gegen die britische Kolonialmacht. Als Rechtsanwalt konnte er sich eine eigene Zeitung leisten, in der er seine Ansichten vertrat. Sie hieß wie eine österreichische Tageszeitung heute: Der Standard. Immer noch bekannt und durch ein Buch des ägyptischen Schriftstellers Alaa Al-Aswani weiterzitiert, ist sein Ausspruch: „Wär ich nicht Ägypter, ich wünscht mir einer zu sein."

Mohamed Farid, nach dem die Straße benannt ist, war Mitgründer der National Party (Al-Hizb al-Watani) und nach Kamils plötzlichem Tod trat er an die Parteispitze.

Eingedeckt mit Büchern spaziert man jetzt am bestens ins Kaffeehaus. Da gibt es einerseits die Dependance vom Groppi auf der Adly – Straße (das Wort Sharia auf den Straßenschildern steht für Straße), das eine feine Terrasse bietet, oder man wendet sich auf der Quasr al-Nil – Straße, südwestlich, schon gegen den Tahrir Platz hin und dem Nil zu. Auf diesem Weg am Midan at – Tharb (Midan bedeutet Platz) befindet sich das erste, das Ur – Groppi sozusagen. Im ersten Raum stehen Vitrinen mit den köstlichsten Süßigkeiten. Nicht nur die den Westlern bekannte Baklava, nein, hier bekommt man feinstes Mandelblätterteiggebäck genauso wie üppige Kokoscremetörtchen. Im zweiten Raum dann ist das eigentliche Kaffeehaus.

Giacomo Groppi, der in der Literatur einmal als Italiener, einmal als Schweizer ausgegeben wird, kam im Jahr 1909 aus Alexandria, um sein Eis zu verkaufen. Später erst wurde aus der Eisdiele ein Konditorkaffeehaus. Berühmt wurde er auch für seine Schokoladenproduktion. Von der einstigen Pracht des Lokals ist nach einer lieblosen Renovierung und neuerlicher Verstaubtheit nur mehr eine Ahnung geblieben. Und auch Eis wird nicht mehr verkauft. Dennoch, eine Kaffeepause in dem historischen Ambiente ist es allemal wert, vor allem wenn man sich was Süßes aus den Vitrinen im ersten Raum gönnt. Und was auch auffällt, im Groppi ist es zu anderen Kaffeehäusern zumeist ruhig, da alle lesen oder vor sich hinträumen. „Das Getöse macht nur uns Westlern zu schaffen – Ägypter brauchen es geradezu: Freund Hani kommt nicht gern mit mir ins schicke Jugendstilcafé Groppi, beliebter Treffpunkt von Ruhe suchenden Europäern, es ist ihm zu ruhig dort, da werde ja nur geflüstert. Er braucht das laute Klacken der Dominosteine, die quer durchs Lokal geschrieenen Bestellungen und den scherbelnden Transistor.“ stellte Werner Scheurer schon 1994 fest und daran hat sich nichts geändert!

Die Straßenzüge rund ums Groppi sind von europäischen Baustilen des neunzehnten Jahrhunderts geprägt, einige Gebäude sind vom frühen zwanzigsten Jahrhundert. Paris war damals schick und das Vorbild vieler Städte. Dem Khediven Ismail gefiel Paris auch. Schon unter seinen Vorgängern wurde die Kanalisation, die Straßenverbreiterung und Platzgestaltung angegangen, aber mit „Khedive Ismail (1863 – 1879), der sich vom Sultan 1867 um teures Geld den Khediventitel erkauft hatte, erlebte die Stadt einen glänzenden Aufschwung. Nach dem Besuch der Pariser Weltausstellung 1867 setzte es sich der Vizekönig in den Kopf, Kairo in eine westliche Metropole zu verwandeln. Er ließ alte arabische Viertel schleifen und auf den Bauparzellen des neuen Stadtzentrums stattliche Gebäude in südländisch-klassizistischem Stil erbauen. Die neu angelegten breiten Straßen erhielten Gasbeleuchtung." schreibt Samsinger und führt weiters Architekten aus der Österreichisch – Ungarischen Monarchie an, die die neue Eleganz mitplanten: der Görzer Lasciac, der Wiener Matasek, der Böhme Schmoranz, der Ungar Herz Pascha.

Würde man zum anderen Groppi, zur Filiale „Garden Groppi", gehen, die Straße Adly entlang, käme man zum „Opera Square". Er heißt so, da bis zum Brand Mitte des Zwangisten Jahrhunderts dort das Khedival Opera House stand, das der Khedive 1869 zur feierlichen Eröffnung des Suez Kanals errichten ließ.

William Golding, der unter anderem als Autor von „Lord of the Flies" berühmt wurde, besuchte das von ihm hoch geschätzte Ägypten zuletzt im Jahre 1984 und berichtete in seinem nachdenklichen Ägyptentagebuch über den vielen Schutt, der in den Straßen Kairos lagerte und den die Stadtbehörde nach und nach abtransportieren wollte. Das Schlimmste wäre der Staub gewesen, den die einbrechenden Häuser hinterlassen hätten. Der Schutt und der Staub, von dem Golding schrieb, war von den letzten stehen gebliebenen Häusern aus der osmanischen Zeit. In den neunzehnneunziger Jahren sahen auch die Gründerzeithäuser immer schäbiger aus, Stuck, Mörtel, Kalk blätterte auf die Fußgänger und parkenden Autos herunter und so manches Haus zeigte Risse und musste gestützt werden. Unter Mubarak wurde eine Investorgruppe zu Hilfe gerufen. Die gerade erst im Jahre 2004 gegründete Citadel Capitel bekam viele Objekte übertragen. Einige Häuser wurden tatsächlich renoviert, andere endgültig abgerissen. Die Mieten wurden plötzlich von beinahe nichts um ein Vieles angehoben, da es nach dem Einfrieren der Mieten 1952 zu einer ersten Mietsreform gekommen war. Der große Bevölkerungsaustausch in der Inneren Stadt rund um Tahrir

Platz begann schon vor zwanzig Jahren. Damit ging auch das fröhliche Treiben in den Handwerkstätten in Downtown verloren, das man noch auf alten Bildern sehen kann.

Citadel Capitel schrieb trotz der beklagten Verluste aufgrund der Revolution im ersten Quartal 2011 42.6 Millionen US-Dollar Investitionsvermögen gut. Dem Firmengründer Ahmed Heikal wurde die Ausreise verboten, da Untersuchungen zu Korruptionsvorwürfen gegen ihn und seine Firma eingeleitet wurden. Das Unternehmen meldete Ende Mai, dass die ägyptische Börse eine Aufstockung des Vermögens untersagte.

Das saudisch – ägyptische Konsortium Al-Ismailya erwarb noch vor der Revolution dreizehn Objekte und wollte alten Glamour in die Tahrirgegend bringen. Beide Investmenthäuser haben sich seit der Revolution vorerst aus Spekulationsgeschäften in Ägypten zurückgezogen.

Der Straßenname Talaat Harb geht übrigens auf den Begründer der Misr-Bank, der ältesten Bank Ägyptens, zurück.

Wer Zeit hat, kann einen Abstecher vom Talaat Harb Platz rechts in die Al-Antikhana und wieder rechts in die Hussein Basha Straße zum Townhouse machen. Dort hat der Kanadier William Wells 1998 ein Kunst- und Werkstättenhaus eröffnet. Hier befindet sich nicht nur eine elitäre Galerie, in der man moderne arabische Kunst entdecken kann, sondern hier findet auch ein Austausch mit den Handwerkern aus der Umgebung statt. Zusammen mit Hoda Lutfi unternimmt er auch Workshops mit Straßenkindern. An Freitagen können arbeitende Kinder sich im Townhouse mit Farbe und Pinsel die Wut, die Traurigkeit, die Einsamkeit von der Seele malen. Die Arbeiten werden regelmässig gezeigt. Inzwischen hat Wells auch begonnen mit den Flüchtlingen in Kairo zu arbeiten. Ägypten hat Tausende von Gestrandeten aus Somalia, dem Sudan und dem Irak aufgenommen. Ihre Situation ist oft prekär.

Bisher schaffte es Wells mit unzähligen arabischen Künstlern und anderen ehrenamtlichen Mitarbeitern sein Townhouse am Laufen zu halten. Durch den Verkauf von Bildern finanziert er nicht nur das Haus, sondern auch das Material für die Workshops für die Außenseiter der Gesellschaft. Immer wieder kann er Exponate, die während der Workshops entstehen, verkaufen.

Schräg gegenüber vom ursprünglichen Groppi, liegt auf der Talaat Harb Straße Nr. 17 noch ein eingesessenes Lokal aus dieser Zeit: das Café Riche. Einst trafen sich hier Intellektuelle zum Politisieren. „Das Café Riche rettet mich vor der Einsamkeit" sagt Machfus Antiheld Alwan im Roman „Der letzte Tag des Präsidenten". Heute ist es ein Treff der Neuen Reichen und Touristen. Da das Essen aber sehr gut ist (die Bezeichnung Café ist beim Riche irreführend, es ist eigentlich ein Restaurant) und die Atmosphäre auch, ist es sowohl mittags wie abends einen Besuch wert. Und noch einen Grund gibt es für so manchen Kairo – Besucher sich das Lokal zu merken: hier erhält man das einheimische Bier, Wein sowie andere Alkoholika.

An den Wänden hängen Bilder vom alten Kairo und berühmten Gästen. Und natürlich dürfen welche vom „Märtyrer des fünften Juni" (Machfus), Gamal Abdel Nasser, auch nicht fehlen. Die Kellner verbeugen sich leicht mit abgewandten Kopf und servieren mit blitz-weißen Geschirrtuch um den Arm gelegt. Tagsüber sitzt man zumeist im helleren, gut renovierten Teil, der zur Straße hin liegt. Der hintere Teil ist mit dunklem Holz ausgestattet, die kleine Bar ist sehr einladend gestaltet. 1922 soll hier die berühmte ägyptische Sängerin Umm Khaltoum einen ihrer ersten öffentlichen Auftritte gehabt haben.

Die Talaat Harb – Straße führt geradewegs auf den Tahrir Square, den Freiheitsplatz, zu. Dieser hieß bis zur Revolution von 1952 Ismailya – Platz. Heute denkt der Reisende weniger an die 1952-er Revolution beim Besuch des Platzes. Er ist durch eine neue Revolution geprägt. Seit den Protestversammlungen ab 25. Jänner 2011 sah die ganze Welt durch die Übertragungen von al-Jazeera, CNN, BBC und anderen Fernsehstationen diesen Platz im Wohnzimmer am Bildschirm. In Erinnerung kommt mir hier die Bemerkung aus dem Publikum bei einer Ägpten-Veranstaltung in Wien: „Ich habe den Platz noch nie so schön gesehen, sonst ist er doch nur von Autos zerschnitten.“ Es ist leider wahr, der Platz ist ein großer Verkehrsknotenpunkt. Die Revolutionäre mußten die Straßen besetzen und erreichten so zuerst den Stillstand und in Folge den Umsturz.

Die Talaat Harb – Straße und die anderen Stern-förmig auf den Platz zulaufenden Straßen marschierten die Protestierenden heran. Auf dieser und in den anderen Straßen befinden sich viele Kleider- und Accessoire – Geschäfte, die der aufgehetzte Mob ab 28. Jänner stürmte. Mubarak schickte auch seine getreuen Fellachen aus der Pyramidengegend Giseh ins Feld, die mit ihren Kamelen und Pferden gegen die Menge ritten. Sie wurden wegen Körperverletzungen und Totschlag im August 2011 zu sieben bis zwölf Jahren Haft verurteilt.

Im Film „Forbidden“ der ägyptischen Regisseurin Amal Ramsis erzählt eine Aktivistin, wie Polizisten in Zivil den Demonstranten auf dem Weg zum Platz in den Seitenstraßen auflauerten, sie packten, in einen Minibus sperrten und außerhalb der Stadt führten. Solche staatlich geplanten Entführungen kamen in Mubaraks Regime regelmässig vor und sollten politische Aktivisten einschüchtern.

Aber weder mit den nachrückenden, sie umkreisenden Polizisten noch von dem mit Regimepropaganda aufgehetzten Mob ließen sich die Protestierenden von ihrem Vorhaben, das System endlich zu ändern, abbringen. Am 14. Februar 2011 war ein erster wichtiger Schritt erreicht und sie konnten Mubaraks Abgang auf eben diesem Platz feiern. Die ersten Stunden war nicht klar, wie sich das Militär verhalten würde. Es entschied sich, durch einen Militärrat die Amtsgeschäfte so lange zu leiten, bis eine Regierung gewählt ist. Die im November 2011 gewählte verfassungsgebende Versammlung wird eine neue Verfassung ausarbeiten, dann wird der Staatspräsident gewählt. Derzeit kann man von einem Prozeß bis 2014 rechnen, sollte nicht eine neue Revolutionswelle „Zurück an den Start“ ausrufen.

Nach dem Regimesturz wurden unzählige Parteien gegründet, um die fünfunddreißig schafften die Registrierung. Die umstrittene, in sich uneinige Moslembruderschaft gründete ebenfalls Parteien, eine davon gilt als aussichtsreiche Regierungskandidatin. Davon war der bekannte CNN Journalist Tarek Osman bei einer Veranstaltung in Wien im Juni 2011 schon überzeugt.

Die Wahlreform ergab unter anderem auch, dass das Justiz- und nicht mehr das Innenministerium die Wahlen organisieren und auszählen soll. In das Innenministerium haben die Ägypter durch die Erfahrungen mit Polizeigewalt, korrupten Behörden und Wahlfälschungen in den letzten Jahrzehnten absolut kein Vertrauen mehr. Der verhasste Innenminister Adly wurde in einem ersten Prozeß wegen Korruptionsvorwürfen verurteilt, drei weitere sollen folgen.

Von der Talaat Harb – Straße auf den Tahrir – Platz kommend, sehen Sie gleich linker Hand ein Gebäude mit Riesenausmasse – nicht nur in die Höhe, sondern auch in die Breite. Das ist das Mu- oder auch Mogamma. Es wurde schon 1946, also noch unter der Marionette König Faruk (er stand unter britischem Diktat), angefangen zu bauen, entworfen vom ägyptischen Architekten Kamal Ismail. Es handelt sich um 4.500 qm verbaute Fläche, wofür 1.500 Tonnen Stahl, 3.000 Tonnen Zement und 15 Millionen Ziegel verbraucht wurden. Rund 4.000 Arbeiter sollen daran gebaut haben und das Gebäude kostete dem ägyptischen Staat rund eine Million ägyptische Pfund. Und weiter geht’s mit bombastischen Zahlen! Als das Gebäude 1951, also kurz vor der Entthronung des Königs, fertig gestellt wurde, maß es 55 Meter. Es sind 13, an manchen Ecken 15 Stockwerke, die 1.400 Zimmer und 10 Aufzüge aufweisen. Und falls man auf der Suche nach dem richtigen Stock, dem richtigen Zimmer mal muß, dann sind dafür 60 Toiletten vorhanden.

Ägypter hassen das Gebäude, weil es den Amtsschimmel schlechthin repräsentiert. Für jede Ausweisausstellung wie Verlängerung, für einzelne Stempel auf Dokumente und für die Meldebescheinigung muss man sich durch diesen kafkaesken Bau durchwühlen.

Ich muss sagen, als ich das erste Mal hineinging, fürchtete ich, stundenlang nach dem richtigen Schalter zu suchen, war dann aber angenehm überrascht und nach weniger als einer Stunde wieder aus dem Gebäude draußen. Es gilt den richtigen Aufzug und den richtigen Stock zu finden, dann ist die Orientierung einfach. Innen ist das Gebäude nämlich in einzelne Segmente unterteilt.

Mubarak soll bei einem Besuch Mitte der neunzehnneunziger Jahre bestürzt über den Zustand des Gebäudes gewesen sein und Renovierungen angeordnet haben. In Ägypten erzählt man sich ja gerne Witze, ständig kommen neue heraus, vor allem auch Mubarak - Witze. Einen Mubarak – Witz zur Bürokratie in Ägypten merkte ich mir und der geht so: Mubarak kommt in die Hölle und der Teufel sagt: „Also gut, weil du doch mal ein Chef warst, darfst zwischen der Hölle deiner amerikanischen Freunde und der ägyptischen Hölle wählen.“ Mubarak entscheidet sich sofort für die amerikanische. Aber er hat schlecht gewählt, überall brennende Ölfelder und weiche Hamburger und ein Wahnsinnslärm. Also bettelt er den Teufel an und der sagt: „Nun gut, einmal darfst du noch wechseln, aber ich sag dir, es gibt kein zurück!“ Mubarak ist verzweifelt, entscheidet sich dann aber trotzdem für die ägyptische Hölle in der Hoffnung, dass er sich dort zumindest verständigen kann. Der Teufel schupft ihn in die ägyptische Hölle und siehe da – Mubarak findet sich in der Mogamma wieder!

Seit der Revolution 2011 kampieren übrigens fast durchgehend Demonstranten vor der Mogamma. Sie wollen die komplette Auslöschung des alten Regimes erreichen und damit auch die Kündigung der teils korrupten Beamten auf Verwaltungs- nicht nur der Regierungsebene erwirken.

Gerade aus, Richtung Nil, über den Verkehrswirr-warr hinweg, steht ein ausgebrannter Klotz. Das war die Parteizentrale von Mubaraks Partei, die NDP – National Democratic Party, die im April 2011 mit Dekret vom Militärrat aufgelöst wurde. In den Wochen davor versuchten allerdings einige Mitglieder noch die Partei neu zu organisieren, denn obwohl viele von ihnen ins Gefängnis wanderten oder auch in Freiheit keinen Rückhalt in der Bevölkerung mehr finden würden, sind die alten Netzwerke der NDP zu Wirtschaft und Auslandskontakten zum Großteil intakt. Etliche Beobachter fürchten, dass sich einige ex-Mitglieder in wichtige Institutionen oder andere Parteien verkrümmeln, um später umso massiver aufzuerstehen. Man wird sehen, auch der Entnazifizierungsprozeß der Deutschen und Österreicher brauchte seine Jahrzehnte der Aufarbeitung. Und man darf nicht vergessen, dass das Regime Mubarak dreißig Jahre lang bestand.

Aber nun vom eben gestürzten Pharao zu den uralten Pharaonen! Rechter Hand steht als kurioses koloniales Überbleibsel, ganz in Rosé getüncht, das Ägyptische Museum. Aus allen Nähten platzt der aus dem Jahre 1902 stammende Bau. Schon längers ist ein neues Gebäude geplant. Der Weggefährte Mubaraks und ehedem Minister für Altertümer, Zahi Hawass, wurde aber ebenso angeklagt und aufgrund seiner Mubarak – Kumpanei und Korruptionsvorwürfen vom Amt entlassen. Obwohl er als international anerkannter Archäologe sicherlich viel für die Verwirklichung einer neuen Unterkunft der alten Mumien vollbrachte, bewerkstelligen auch andere Angestellte das ohne ihn, wie mir meine ägyptischen Freunde versicherten.

Das Ägyptische Museum mit all seinen reichen Schätzen, die die Engländer, Franzosen, Amerikaner, Deutschen und Österreicher zum Glück im Land ließen, ist eine weltweit angesehene Institution. Dass das Gebäude die Geister spaltet, beweist niemand besser als der französische Reiseschriftsteller Pierre Loti, der sich im Winter 1909/1910 in Kairo aufhielt und heftigst über das „moderne Kairo" des Khediven schimpfte: „Bei Tagesanlicht ist nichts banaler, als das „Museum der ägyptischen Altertümer", das doch aus unschätzbaren Dingen besteht. Es ist das prunkhafteste und empörendste unter den stillosen Bauwerken, mit denen Neu-Kairo sich alljährlich bereichert; geöffnet für jedermann, der bei grellem Tageslicht erlauchte Tote, die sich ewige Zeiten zu verbergen gewähnt, aus nächster Nähe betrachten will!"

Enttäuscht war der britische Schriftsteller Golding bei seinem neuerlichen Besuch des Museums im Jahre 1984, als er die Sammlung in etwa so vorfand, wie sie der heutige Besucher zu sehen bekommt. Er hatte sich gerade im Mogamma das Visa verlängern lassen, was ebenso weniger lange brauchte, als er befürchtet hatte, und schreibt: „Da es in der Nähe lag, gingen wir ins Ägyptische Museum, jenes höchst kuriose Bauwerk, dessen Fassade eine – ausgerechnet! – lateinische Infschrift ziert. Wie groß war meine Erbitterung – und jeder Schriftsteller– oder besser Jounalistenkollege wird mir das nachfühlen! –, als ich sah, daß unterdessen die Ausstellung völlig neu arrangiert worden und jetzt im Rahmen musealer Möglichkeiten durchaus begehbar und zweckmäßig war."

Das Tickethäuschen befindet sich vor dem Zaun und Garten des Museums. Im Gebäude gibt es dann nochmals eine Sicherheitskontrolle ähnlich wie am Flughafen. Über das Museum selber will ich nichts weiter erzählen, da jeder Reiseführer es bestens beschreibt und dafür Experten beauftragt werden. Auch Herr Hawass hat einen Teil geschrieben (s. Literaturliste im Anhang). Und das Museum selber führt auch eine informative Homepage (egyptianmuseum.org), auf der die hauseigenen Experten ihr Wissen ausbreiten. Nur soviel noch zu einem Museumsbesuch: gehen Sie ausgeruht hinein und planen Sie gut drei Stunden dafür ein, denn es gibt unendlich viele Exponate. „Endlos erscheint in der Nacht die Flucht dieser Räume voller Vitrinen; sie misst auf allen vier Seiten des Gebäudes vierhundert Meter." (Pierre Loti) Früher waren keine leeren Särge zu sehen: im 19. Jahrhundert wurden die Mumien ausgepackt und zu Lotis Zeit noch lagen die Leichen in den Vitrinen. Ramses II, der unter dem Beisein von Khediven Taufiq zwei Stunden lang ausgefascht wurde, befielen aber bald die Würmer und auch die anderen einst edelst verpackten Körper verwesten entmumifiziert sehr rasch, weshalb man sie im Lauf der Zeit aus dem Museum entfernte. Mark Twain behauptet, dass Mumien auch als Brennstoff für die Dampflokomotiven verwendet wurden. Zum Teil liegen sie für Forschungszwecke bis heute in der Al Ahzar Universität, wo Kardiologen zusammen mit US-amerikanischen Forschern im Mai 2011 den ersten Herzinfarkt der Menschheitsgeschichte an einer Prinzessinnenleiche, die über 3500 Jahre alt ist, entdeckt haben wollen.

Nehmen Sie eine Wasserflasche mit, denn das kleine Café hat nach meiner Erfahrung nicht immer offen. Und zur Einstimmung kann ich Ihnen erzählen, warum die Reisende in Barbara Frischmuths Roman sich in das Museum flüchtete: „Vor Jahren hatte ich mich einmal in einem Anfall von Islam-Ennui ins Ägyptische Museum geflüchtet, was, wie immer, grundsätzliche Erleichterung bedeutete, auch wenn Flaubert von der erbarmungslosen Strenge der ägyptischen Kunst spricht. Doch diese Strenge ist eine des Genusses. Ohne Strenge wäre der Überschwang der Farben, die Eindrücklichkeit der Linien nicht zu ertragen."

Wenn Sie dann völlig erschlagen von Eindrücken der Welt von vor drei – bis fünftausend Jahren wieder entsteigen, können Sie unter dem Tahrirplatz verschwinden und mit der

U-Bahn eine Station zurück zum Ausgangspunkt, Abidin, fahren. In der Nähe des Museums befinden sich Papyri – Geschäfte und Schlepper versuchen Touristen abzufangen und dorthin zu bringen. Echter Papyrus wird heute wieder von einem pfiffigen Ägypter angepflanzt, der auch in großem Maße Bilder darauf produzieren läßt. Aber das meiste ist doch auf dem wildwachsenden Schilfrohr, den Phragmiten, gemalt. Da beides leicht bricht und bröselt, gingen viele antike Schriften auf Papyrus verloren, wenn sie nicht rechtzeitig auf Papier kopiert wurden.

Sollten Sie sich aber noch fit fühlen, dann wenden Sie sich aus dem Museum kommend nochmal dem Tahrir - Platz zu. Als Khedive Ismail den Platz anlegen ließ, hatte er den Platz in Paris mit dem Triumphbogen in der Mitte im Kopf. Wie in Paris laufen auch in Kairo die Straßen, einschließlich der Nil-Brücke Kasr el-Nil, strahlenförmig auf den Platz zu. Was der Khedive nicht ahnen konnte, ist die explosionsartige Überschwemmung durch Automobile im 20. Jahrhundert. Als er seinen Platz plante, war die Gegend ein Garten mit Pferdegestüt. Es wurde später zur Kaserne umgebaut, welche von den Briten genutzt wurde, und stand dort, wo heute das Nile Hilton – Hotel steht.

Der Nil hat sich über die Jahrhunderte weiter westwärts bewegt, sodass Alt – Kairo und die Zitadelle immer weiter weg vom Nil lagen. Den Wettlauf mit der Zeit hat der Khedive verloren, von seinem Garten und der damals Ismaylia – genannten Gegend zeugen nur noch Gebäude im europäischen Stil des 19. Jahrhunderts, seine Idee des Stadtzentrums ist jedoch leider abhanden gekommen. Unter Mubaraks Notstandsgesetzen war es verboten, wie Regisseurin Ramsis zeigt, sich auf dem Platz länger aufzuhalten. Aber wer weiß, vielleicht verhalf die Revolution dem Platz ja an Bedeutung zu gewinnen und können aufgeschlossene Stadtväter wieder für die Menschen planen?

Heute können Sie sich aus dem Museum herauskommend rechts halten und gerade aus beim Nile Hilton an der Town Hall vorbei auf einer schmalen Straße auf den Nil zugehen. Das Nile Hilton ließ Nasser in seinen ersten Regierungsjahren erbauen, um einerseits die Moderne in die Stadt zu bringen und ein Pendant zum gewaltigen Mogamma zu setzen und zweitens, um dem Westen zu demonstrieren, dass er nach wie vor willkommen ist in Ägypten, aber eben nicht mehr mitregieren darf. Der US-Unternehmer Hilton war höchst entzückt von der Idee, folgte dem Ruf und eröffnete 1959 sein erstes ägyptisches Hotel. Obwohl das Hotel im Volksmund immer noch Nile Hilton genannt wird, mutierte es im Jänner 2009 zu einem Ritz-Carlton Nile Hotel! Die vierhunderteinunddreißig Zimmer wurden renoviert und auf neue Fünf-Stern-Kategorie mit viel Brokat getrimmt. Die Fassade erhielt eine stärkere Akzente setzende Außenbeleuchtung.

Sie könnten auf das Hoteldach steigen und von der El Mojito Café-Bar einen Stadt- und Nilblick genießen. Oder Sie gehen vom Museum aus gesehen gerade aus auf den Kreisverkehr zu, am Minibusbahnhof linkerhand vorbei und bewegen sich dorthin, wo nach des Khedivens Träumen der Obilisk im Garten stehen sollte. Hier können Sie sich etwa zwischen Talaat Harb und Tahrir Straße in ein altes Kaffeehaus setzen. Als Frau wäre es angebracht, wenn Sie sich weiter ins Rauminnere setzen würden, sodass Vorübergehende Sie nicht gleich sehen. Es scheint Ihnen vielleicht sehr ärgerlich, sich in der ägyptischen Kultur anders als Männer verhalten zu müssen, aber mit solch kleinen Tricks gestaltet sich Ihr Kairo – Aufenthalt wesentlich angenehmer.

Auf den Straßen hier finden sich fliegende Händler, die neuerdings Sticker, Fahnen und T-Shirts passend zur Revolution verkaufen. Am besten gefällt mir jenes Pickerl, das Mubarak und Gaddaffi als Westernhelden zeigt, darunter steht „Mafia“. Übrigens, werden auch überall auf den Straßen

Taschentücherpackungen verkauft. Dieser Verkauf ist in der Hand von – meistens älteren – Frauen. Eine Packung kostet 50 Piaster. Auch die Taschentücherverpackungen haben sich der Revolution angepaßt und zeigen die ägyptische Flagge. Der Schriftsteller al-Chamissi sagte in einem Interview, dass Mubaraks schlimmste Tat die gewesen sei, dem Ägypter seine Würde genommen zu haben. Immerzu wurde der Bevölkerung gesagt: „Ihr seid nichts wert, Ihr könnt nichts, deshalb müssen wir alles importieren und uns dem Westen unterordnen." Es wäre das schönste Geschenk der Revolution, meinte der Schriftsteller, dass alle heute wieder mit erhobenem Kopf gehen und stolz auf ihr Land sein könnten. In der ägyptischen Fahne, die neuerdings überall aufgemalt und angebracht ist, drückt sich dieser Stolz besonders aus. Bei der neunzehnzweiundfünfziger Revolution wurde sie das erste Mal gehießt. Gisela Bonn etwa, die das Land 1952/1953 auf Einladung der Freien Offiziere besuchte, berichtete ebenfalls von der überall präsenten – damals neuen – ägyptischen Fahne.

Sind Sie gestärkt und ausgeruht, gehen Sie zum Nil auf die Brücke vor. Rechter Hand das puristische weiße Gebäude mit rechteckigem Grundriß, kurz vor der Brücke, das ist der Sitz der Arabischen Liga. Immer wieder kommt es vor dem Gebäude seit dem politischen Umbruch in Ägypten zu spontanen Demonstrationen, etwa wegen Syrien. Molotov Cocktails wurden auch an seine Mauern geschmissen, als die Arabische Liga den Luftraum für die NATO – Angriffe auf Libyen freigab.

Wenn Sie dann auf der Brücke stehen, sehen Sie nochmals das ausgebrannte NDP – Gebäude (angeblich wird ein Hotel davorgesetzt), ferner das Nile Hilton, die kleinen Restaurant – Boote am Kai, die großen Restaurant – Boote auf der Insel Gesira, sowie den Kairo - Turm im Betonblütendesign, auch eine architektonische Kreation aus der Nasser Ära. Bezahlt wurde der Bau des Turms mit Geldern eines von Nasser ausgetrixten Staats, der sich auch heute noch in die Geschicke anderer Staaten auf der Welt einmischt und damit zumeist sein unglückliches Talent beweist. Heute gilt der Turm als Wahrzeichen Kairos, auch wenn sich das Restaurant auf der Aussichtsplatte schon lange nicht mehr dreht.

Wenn Sie am Hilton vorbei weiter nördlich blicken, sehen Sie ein Gebäude, dessen unterer Teil an eine Riesentorte mit einer dicken Kerze erinnert. Das ist das Informationsministerium, in dem während dem Regime Zensur und Überwachung ausgeübt wurde. Ein Bekannter von mir erzählte, wie er nächtens angerufen und in das Gebäude zitiert wurde. Das hieß natürlich nichts Gutes: nachts wurde man nur hineingerufen, wenn es um ein unangenehmes Verhör ging, tagsüber wurde man hineingerufen, wenn wieder mal der Presseausweis zur Verlängerung anstand. Bei ausländischen Journalisten beließ man es mit Verhören und der Drohung einem außer Landes zu verweisen, wenn dieser Artikel erschien oder jene Fernsehsendung lief. War man aber inländischer Journalist und wurde zum Verhör gerufen, dann konnte einem schon Haft und Gewaltanwendung drohen. Auch das staatliche Fernsehen sitzt in diesem Hochhausbunker und sandte immer noch belanglose Nachrichten, während vor seinem Fenster die Demonstranten protestierten oder schon von der gefürchteten Staatspolizei Amin Dawla geprügelt wurden. Im Oktober 2011 ging die Armee hier ebenso gewaltvoll gegen Demonstranten vor und hat seither national wie international an Respekt verloren. Genauer gesagt handelte es sich bei den Prügelknaben um die Einheit El-Amen El-Markazy, eine Art Schülergruppe der Armee, erkennbar an den schwarzen Barretts, anstatt der Khakiuniform. Viele von ihnen kommen aus der Unterschicht, haben kaum Schulbildung und hoffen in der Armee auf Dauer unterzukommen, da sie sonst eigentlich keine Arbeitsaussichten haben.

In einem anderen Masperohochhaus befindet sich übrigens hoch oben mit wunderbarem Blick auf den Nil das Büro des Deutschen Fernsehens.

Um die Zensur, die dreißigjährigen Notstandsgesetze und die mit ihr einhergehenden Graumsamkeiten, die jetzt hoffentlich aufgearbeitet werden, zu vergessen, senken Sie doch mal den Kopf und schauen Sie sich den Nil an. Das Wasser unter Ihnen hat etwa 6.500 Kilometer Wegstrecke hinter sich und fließt noch etwa 200 Kilometer weiter Richtung Mittelmeer. Der Nil ist einer der faszinierendsten Flüße der Welt. Als „Weißer Nil" beginnt er seine Reise in Uganda. Vom legendären Arabisten und Forscher Richard Burton wurde der Nyanzasee zum Victoriasee umbenannt und von den Forschern Spekes and Livingston als Ursprung für den Weißen Nil erkannt. Bei Khartoum etwa verbindet er sich mit dem Blauen Nil. An Ägyptens Grenze wird er zum Nassersee, einem Binnensee, der durch die Assuan - Staudammerrichtung entstand. Dann fließt er geruhsam gut 1100 Kilometer durch Ober- oder auch Südagypten genannt und schafft seit Jahrtausenden einen schmalen Streifen Grünland neben sich. Schon Herodot schrieb, dass Ägypten ein Geschenk des Nils sei. Nördlich von Khartoum mündet dann kein Nebenfluß mehr in den Nil, sodaß die Wassermenge nach 1500 Kilometern der Verdunstung und Bewässerung bis zum Delta ständig abnimmt. Das ist jetzt eine grobe Vereinfachung des komplexen Vorgangs, denn es soll auch Versickerungen in unbekannter Menge geben und manche Wissenschafter meinen, dass man Trinkwasserseen unschätzbaren Wertes unter der Wüste anbohren könnte.

Fakt ist, dass etliche Besucher erstaunt sind, einen relativ schmalen Fluß in Kairo vorzufinden, stellt man sich den Nil doch breit und mächtig vor. Er führt vielleicht nicht so viel Wasser, wie man sich erwartete, hat aber immer wieder gefährliche Stromschnellen und Strudel. Der Lieblingsknabe vom römischen Kaiser Hadrian soll hier in den Fluten des

Nils ertrunken sein, schreibt die Geschichte. Und der Kaiser ließ fortan das Portrait des Jungen auf eine römische Münze für die ägyptische Provinz prägen.

Kurz nach Kairo teilt sich der Nil und bildet das Delta mit zwei Hauptarmen, die bei Rosetta oder Rachid, wie die Araber sagen, und bei Damietta (Dumyat) ins Mittelmeer fließen. Sechzig Prozent der Bevölkerung Ägyptens leben in Unterägypten, hauptsächlich in der Deltaregion, die mit mehreren Ernten pro Jahr wesentlich zur Versorgung des Landes beiträgt. Die anhaltende Landflucht macht große Schwierigkeiten, denn werden die Bewässerungskanäle, mit denen die Deltaregion durchzogen ist, nicht regelmässig gewartet, versumpft das Gebiet.

Die neue Regierung wird dringend Lösungen für die anstehenden Probleme in der Landwirtschaft finden müssen, um die arme Landbevölkerung von der Abwanderung - und damit einhergehenden Slumbildung in Kairo - abhalten zu können. Unter anderem ist da auch Europa gefordert, das mit subventionierten Nahrungsmitteln Dumpingpreise kreiert und den Obst- und Gemüsemarkt in Afrika ruiniert.

So kommen etwa Äpfel inzwischen ausschließlich aus Europa. Weizen hingegen wird schon seit dem Neunzehnten Jahrhundert aus Australien importiert, seit einigen Jahrzehnten vermehrt aus den USA. Die Intensivierung des Weizenanbaus in Ägypten unter den Römern hatte nämlich erhebliche ökologische Konsequenzen, da die Wälder in den Küstengebieten für neue Felder abgeholzt wurden. Unter der Verkarstung leidet heute nicht nur Ägypten sondern weitgehendst der gesamte Mittelmeerraum. So global vernetzt unsere Welt also schon vor zweitausend Jahren war, so sehr leidet unsere Welt heute trotz modernster Technologie unter dieser Globalisierung um Null unserer Zeitrechnung.

Schlendert man über den Nil an dieser Stelle, erreicht man auf der anderen Seite die größere der drei Nilinseln, Gesira.

Drei Brücken führen vom Ostufer über Gesira zum Westufer und umgekehrt. Erst seitdem in der ersten Hälfte des Zwanzigsten Jahrhunderts durch die Flußregulierung die Uferbereiche befestigt werden konnten, war Brückenbau möglich. Es wurde im Zuge dessen die Bautätigkeit zuerst auf den Nilinseln und später am Westufer massiv gesteigert. Über die Tahrir – Brücke kommend, liegt rechter Hand das weitläufige Grüngebiet des Gesira Sport Klubs. Er wurde schon 1882 gegründet, und liegt dort, wo einst der Palast mit seinen Gärten des osmanischen Vizekönigs stand. Heute befinden sich hier eine Golfanlage, eine Rennbahn, Tennisplätze und ein Rasen zum Cricket Spiel. Genützt wird von Ägyptern der Oberschicht sowie den vielen europäischen und amerikanischen Ausländern, die in Kairo arbeiten, aber vor allem das Fitnesscenter. Grond läßt seine Figuren von den Dreißiger Jahren träumen: „Ich treffe gerne alte Herren im Gesira Club, sie erzählen mir von den *good old days*. ... Man mochte meinen, man sei in Paris oder London, jedenfalls nicht auf der größten Nilinsel von Kairo. ... Inmitten der überquellenden Stadt spazierte Nicolas mit dem Sohn des Scheichs über einen englischen Golfplatz und blinzelte zur Rennbahn hinüber, auf der Jockeys ihre Pferde zum Abendritt ausführten."

Der Platz, auf dem man von der Brücke oder von der Uferstraße her kommend stößt, ist schon wieder nach einer Persönlichkeit benannt. Sa'ad Zaghloul Pascha (1860 – 1927), genannt auch der „Vater der Unabhängigkeit", ging am 13.11.1918 mit der Deputation (arab. *Wafd*) zum britischen Hochkommissar Sir Reginald Wingate. Er war damals schon Unterrichts- und Justizminister gewesen, jetzt aber forderte er das Recht der Unabhängigkeit auf der Nachkriegskonferenz in Europa vortragen zu dürfen. Seine sofortige Verhaftung löste Unruhen aus. Fuad I von Ägypten wurde im März 1922 von den Briten zum König ernannt, aber die Wafd Partei ließen sie nicht zu. Dennoch war sie eine der ersten großen Parteien Ägyptens und die Briten mußten später auch abziehen.

Vom Platz aus betreten Sie eine ruhige, moderne Kulturzone. Hier steht das Museum für Moderne Kunst, eine Galerie und die Oper nah beieinander. Die Oper ist ein postmoderner Bau eines japanischen Architekten. Das verwundert vielleicht, wenn man die vielen maurischen Elemente betrachtet. Innen bietet der Bau breite Treppenaufgänge auf roten Teppichen, angenehme Polstermöbel und eine Bühne, die technisch gut gerüstet ist. In der Pause kann man den Ausblick zum Nil und dem Ostufer von der Terrasse geniessen. Vor der Vorstellung kann man sich in dem im persischen Stil angelegten Gärtchen ausruhen. Die äußerst freizügig gewandeten Damen, die man an einem Opernabend auch sieht, parken angeblich in der Operngarage oder kommen direkt mit dem Taxi, sodass sie ihren Auftritt auf der Straße vermeiden.

Natürlich bietet die Oper viel klassisches Programm – die Konzertabende der ernsten Musik haben hohe Qualität - sowie Ballett im europäischen Stil. Es gibt aber auch traditionelle arabische Musikabende und manchmal Musical zu hören. Ich holte mir im April 2011 ein Programm und sah, dass der Cinema Club auch nach der Revolution erfreulicher Weise weiterbestand. Jeden Dienstag spielt der Klub bei Einbruch der Dunkelheit im Freien einen aktuellen Film! In dem orientalischen Ambiente ist die Stimmung oft schon herrlich gewesen. Und da die Filme bei freiem Eintritt gezeigt werden, riskiert man gern auch mal Unbekanntes.

Es gab noch einen ganz anderen Anlaß in die Oper zu gehen: die Architektenvereinigung rief im April 2011 nach dem politischen Umsturz zu einer Konferenz zur Zukunft des Landes auf. Unter den Protestierenden am Tahrirplatz waren viele Bauingenieure und Architekten. Etwa Mamdouh al-Habashi, der an der TU Berlin studierte und in Kairo sein eigenes Büro führt. Gebaut hat er unter anderem schon für

Austrian Airlines, für die Schweizer Botschaft und das Goetheinstitut. Neben seinem Beruf hat er sich aber, so wie andere Kollegen aus der Bauszene offensichtlich auch, seinen Faible für Politik bewahrt. Er war schon in der Kefaya (etwa „Jetzt reicht's") Bewegung, eine Oppositionsgruppe, die von Schriftstellern, Ärzten, Architekten, Juristen und anderen 2004 ins Leben gerufen wurde, aktiv. Und jetzt nach dem großen Umsturz sah er die Zeit reif für eine neue Partei, die zu den Wahlen im November antreten wird. „Habashi ist Gründungsmitglied der Sozialistischen Partei Ägyptens, er hat für die Revolution auf dem Tahrir-Platz in Kairo protestiert, war dabei, als in den Tagen des Zorns die Sicherheitskräfte die Demonstranten mit allen Mitteln auseinandergetrieben haben. „Bei einer Laufmasche zieht man an nur an einem kleinen Faden, und am Ende hat sich der Stoff aufgelöst",sagt er. So hofften die Leute, den Filz aufzulösen, der das Land über all die Jahre in den Ruin getrieben habe. Der Prozess ist der kleine Faden." schreibt Christoph Ehrhardt von der FAZ.

Prozesse laufen viele. Gegen korrupte Politiker, Banker, Unternehmer. Zahwi Hawass habe ich schon erwähnt. Auch der ehemalige Tourismusminister wurde zur langjährigen Haftstrafe verurteilt. Waren Sie, verehrter Leser, vor dem Umsturz über eine organisierte Reise in Ägypten, haben Sie vielleicht beobachtet, dass das von Ihnen zuvor abkassierte Pflicht-Trinkgeld dem Kellner oder Buschauffeur als eigentlicher Lohn ausgezahlt wurde und Sie fragten sich, wo denn Ihr Reisegeld hin verschwand. Ganz einfach: in die Taschen der Tourismusmanager, die mit den europäischen Reiseveranstaltern die Geschäfte abwickelten! Das soll jetzt anders sein. Gegen aufgedeckte Korruption wird in Ägypten zur Zeit härter vorgegangen als mir das etwa in Österreich den Anschein hat.

Absitzen müssen die Verurteilten ihre Haftstrafe im Stadtteil Heluan, im Hochsicherheitsgefängnis Tora. In der französischen Ausgabe der Wochenzeitung Ahram erschien inzwischen ein Artikel, in dem es hieß, dass ungerechtfertigter Weise die neuen Häftlinge aus der Mubarak – Periode Annehmlichkeiten genießen, die gewöhnlichen Häftlingen verwehrt bleiben. So wurden extra Möbel angeschleppt und jeden Tag würde Konditormeister Groppi Süßes liefern. Die Tochter des Schriftstellers und Nasser Vertrauten Mohamed Heikal, die als Ministerin für Arbeitsrecht unter Mubarak arbeitete, muss somit zumindest nicht auf Schleckereien verzichten, während sie auf ihren Prozess wartet. Die prominentesten Häftlinge sind aber wohl die Mubaraks – Hosni, Gamal und Alaa. Als 1928 al-Nahas Pascha das Gefängnis anlegte, hatte er wohl an andere Insassen als die eigene Elite gedacht. Und fürwahr, es saßen hier etwa lebenslänglich die Sadat – Attentäter Tarik und Abud al-Somor. Aber auch dem Regime unangenehme Journalisten, Schriftsteller und Wortführer. Auch Mitglieder der Moslembruderschaft und vor allem Kommunisten wurden unter König Faruk, Nasser, Sadat und Mubarak hier inhaftiert. Der oppositionelle Politiker Ayman Nur, der es wagte bei der letzten Präsidentenwahl gegen Mubarak anzutreten, war hier auch inhaftiert und leidet noch heute an den davon getragenen Gesundheitsschäden, denn ihm wurde die ärztliche Behandlung verweigert. Auch Blogger und andere Medienaktivisten, die der Armee heute lästig sind, weil sie die Leute jederzeit wieder auf den Tahrir Platz zurückbringen können, sind hier eingesperrt. Liest man den aufwühlenden Roman „Der goldene Wagen fährt nicht zum Himmel“ von Salwa Bakr, erfährt man vom traurigen Schicksal weiblicher Gefangener in Ägypten. Sie landen zumeist als Mörderinnen ihrer Väter, Brüder oder Ehemänner in den kargen Zellen.

Ich rate Ihnen, werter Leser, zumindest nicht auf eigene Faust zu versuchen den ex-Präsidenten und seine beiden Söhne aufzusuchen, denn die Gegend Heluan mit der gleichnamigen Metroendstation gilt als völlig verarmte

Gegend und kommt nur mehr wegen Kriminalität in die Medien. 1964, als Heluan schon Industriestandort war, versuchte Nasser mit sozialem Wohnbau dem Armutsproblem entgegen zu treten. So wie in mancher englischen Industrieregion ging diese Planung für die Satellitenstadt nur auf, solange genügend Arbeit für alle vorhanden war. Mit Ägyptens Vernetzung im globalisierten Wirtschaftskampf gingen die Aufträge zurück und mit der Arbeitslosigkeit folgte die Slumbildung dieses 2008 in die Verwaltung Greater Cairo eingegliederten Stadtteils.

Früher war das anders. Vor hundert Jahren galt Heluan als Sommerresidence der Adeligen und reichen Geschäftsleute, die dem Staub und der Hitze in Neu-Kairo entfliehen wollten. Außerdem war es wegen seiner eisenhältigen Quellen als Thermalort bekannt. Die Gesellschaft des Österreichischen Lloyds nannte den Dampfer der Expresslinie Triest – Alexandria „Helouan". Denn auch Besucher aus Europa und aus der fernen Reichsstadt Istanbul suchten Heluan für einen Wellness-Urlaub auf. Eine von denen, die es sich als Kind und Jugendliche hier gut gehen lassen konnte, ist Huda Shaarawi (1879 – 1947), die populäre ägyptische Feministin. Ihr Vater war Ägypter, ihre Mutter stammte aus einer türkisch–tscherkassischen Adelsfamilie.

So wie es an europäischen Höfen üblich war, Französisch zu sprechen, war die Sprache des Adels in Ägypten Türkisch. Huda Shaarawi fühlte sich jedoch schon früh zum Arabisch, der Vatersprache, hingezogen und lernte deshalb nicht nur den Koran auswendig sondern auch arabische Grammatik. Das sollte ihr im Laufe ihrer Karriere sehr zu gute kommen. Schon bald engagierte sie sich für Frauen, nachdem sie selber in eine furchtbare Kinderehe geraten war und durchsetzte, jahrelang getrennt von ihrem um vieles älteren Mannes im Elternhaus leben zu dürfen. Ihr Vater, Sultan Pascha, der eine Rolle in der Orabi – Revolution spielte, verstarb übrigens 1884 in Österreich, und zwar in Graz, wo er sich wegen einer Nierenbehandlung aufhielt. Also schon damals vertrauten die Oberen so wenig wie später Mubarak den eigenen Ärzten und Krankenhäusern! Übrigens lautete ein Plakat am Tahrirplatz: „Wissen Sie, warum Hosni über Achtzig wurde? Weil er nie von staatlicher Gesundheitsversorgung abhängig war!"

Huda Shaarawi führte die ersten Frauendemonstrationen 1919 an, wurde die erste Präsidentin der ägyptischen feministischen Union und legte 1923 öffentlich den Gesichtsschleier ab. Damals kam sie gerade von Rom von einer Frauenkonferenz zurück. Es war üblich unter den Frauen der Oberschicht, während ihrer Europareise den Schleier abzunehmen, wenn sie aber zurück nach Ägypten reisten, unterwarfen sie sich sofort wieder der Tradition der räumlichen Trennung zwischen Frau und Mann zu der auch das Konzept des Schleiers gehört. Das Verhüllen der Frauen und die Abgrenzung zur Öffentlichkeit in eigenen Räumen (*harem*) drückten Zugehörigkeit zur Oberschicht aus. Bäuerinnen und Handwerksgattinnen konnten sich um 1900 viel freier bewegen als die Damen des Adels, der Finanzwelt und Handelsgesellschaft. Aber sagt man nicht ohnehin „Adel verpflichtet"?

Shaarawi engagierte sich darüber hinaus in der Wafd Partei und vertrat die Ansicht, dass muslimische wie christliche Frauen dieselben Anliegen, nämlich die Aufhebung des Patriarchats und die vollständige Gleichberechtigung von Mann und Frau verfolgen. Heute lernen die Jugendlichen in der Schule von ihr und im Großen und Ganzen tragen noch immer alle ihr Anliegen mit, jedoch unter anderen Vorzeichen: gerade die jungen muslimischen Frauen Ägyptens gehen nicht ohne Kopfbedeckung aus dem Haus. Egal wie knalleng die Jeans sitzen, wie aufreizend der Busen vorsteht und wieviel Make-up aufgetragen ist, ein zumeist turmhoher Kopfputz scheint Usus zu sein. Ein Bekannter von mir sagte lachend: „Behelmt kommen sie mir vor!" Ich muss, wenn ich die Prinzessinnen in den Ägyptischen Sammlungen von Kairo, Wien, Berlin, Paris oder London sehe, immer an die jungen Frauen, mit denen ich Seite an Seite in der Metro in Kairo stand, denken: das Schönheitsideal der Frauen im pharaonischen Ägypten scheint eine unglaublich in die Breite und Höhe frisierte, eckig geformte Haarpracht gewesen zu sein. Ganz ähnlich wie der heutige Kopfschmuck der jungen Ägypterinnen! Shaarawi aber ging in den letzten Jahrzehnten ihres Lebens mit Hut aus dem Haus, so wie Frauen auch in den europäischen Metropolen der Mode entsprechend ihrer Zeit es taten.

Nach Huda Shaarawi ist eine Straße in Downtown benannt, die von der Talaat Harb – Straße abzweigt. In dieser Gegend werden die Duftöle verkauft, von denen in jedem Reiseführer steht. Es sind wirklich rein pflanzliche Öle, allerdings sind die Preise recht unterschiedlich. Wenn sich der potentielle Käufer in ein Geschäftslokal hineinlocken lässt, kommt er nicht mehr so rasch weg. Ein Verkaufsgespräch dauert zumindest eine Stunde und natürlich wird der obligatorische Tee oder Kaffee serviert. Versteht man sich auf Düfte, ist es sicherlich ein Erlebnis. Zumeist zuerst angeboten wird das Lotusblütenöl. Angeboten werden aber auch Öle zur Behandlung von Kopfweh oder für Gelenks- oder Muskelleiden. Für Massagen, sehr beliebt bei allen Orientalen, gibt es ebenso eine Palette unterschiedlicher Öle. In Agathe Christies Pharaonen – Krimi „Rächende Geister“ wird übrigens die Großmutter mit vergifteter Massagecreme umgebracht, kurz bevor sie das Geheimnis hätte lüften können. Und Zarah Leander soll sich nach einem Kairo Aufenthalt die Öle fortan nach Europa schicken haben lassen.

In der Shaarawi Straße befindet sich auf Nr. 15 das empfehlenswerte Restaurant Felfela. Als ich das erste Mal von einem österreichischen Bekannten hineingeführt wurde, staunte ich nicht schlecht: was ich sah, erinnerte mich an bosnische Gaststätten wie etwa das Derwisch in Sarajevos

Altstadt! Die Tische im Felfela sind aus Baumstümpfen. Dunkles Holz und grün lackierte Türrahmen unterstreichen das in Ägyptens Großstadtdschungel eigenartig anmutende „Zurück-zur-Natur-und-wenn's-sein-muss-mit-Gewalt"-Design. Aquarien mit Fischen und Schildkröten und Vogelgezwitscher aus den Käfigen an der Wand gehören da auch dazu. Die Kellner gaben sich passend Hüttengaudi-freundlich. Was dann serviert wurde, war nicht nur reichlich sondern außerordentlich gut. Ich wurde gedrängt „Hosniya" zu probieren. Wer „Fuul", Bohnengericht, mag, wird bei „Hosniya" ebenso erfreut sein, denn es ist eine verfeinerte mit Ei überbackene Variante davon. „Fuul" habe ich übrigens quer durch Ägypten unterschiedlich angerichtet erhalten. Einmal ist es so fein, dass es Bohnenmus genannt werden kann. Dann wieder, vor allem als Frühstück in einfachen Hotels serviert, schwimmen die gekochten Bohnen in einer Art Suppe. Zutaten sind immer violette große Bohnen, eben „Fuul" genannt, weiters Knoblauch und Olivenöl. Auf Straßenständen erhält man es auch im Pitabrot als Sandwich.

Eine andere Speise, auf die man in Ägypten überall stoßt, entweder als Vor- oder Hauptspeise oder als Beilage gereicht, ist „Molochya". Die zähflüssige grüne Suppe erinnert mich im Geschmack immer an unseren Spinat. Es handelt sich aber um feinstgeriebene Malvenblätter. Diese werden mit den Grundzutaten Knoblauch und Olivenöl sehr lange gekocht. Von der Malve wird übrigens auch die Blüte verwendet und daraus Tee gemacht. „Karkadaye" heißt er, ist intensiv Rot und schmeckt, wenn er zu lange gezogen hat, säuerlich. Aber mit ihrem Rohrzucker sparen Ägypter ja zum Glück nie!

Eine weitere traditionelle Suppe ist „Bathla". Eine Gemüsebrühe mit Erdäpfel und Karotten darin. Manchmal auch zusätzlich Erbsen.

Als Hauptspeise empfiehlt sich im Felfela Täubchen – gegrillt oder gebraten. Gefüllt heißen sie „Hamam mahshi". Serviert wird die Köstlichkeit mit Reis oder Bulgur, manchmal glasierten Rosinen und Karotten oder Erbsen. Manch einer ist beim ersten Biss erstaunt, denn Taubenfleisch gleicht dem uns bekannten Hühnerfleisch nicht. Es ist fester in seiner Konsistenz und vor allem süßlich schmeckend. Der aufmerksame Stadtwanderer wird in manchen Bezirken Kairos, ich denke etwa an Rod el-Farag, Tauben-gurren hören, denn manch städtischer Ägypter hat die ländliche Tradition des Taubenzüchtens mitgenommen und führt sie in der Großstadt weiter. Eine sehr bekannte Region in der Nähe Kairos für die Taubenzucht ist die etwa 80 km südlich gelegene Oase Fayoum.

„Shawarma" ist wiederum das, was wir in Deutschland und Österreich den türkischen Einwanderern zu verdanken haben und hierzulande Döner Kebab nennen. Genauso ist es mit den „Köfte", die wiederum den österreichischen Fleischleibchen ähneln. Wer in anderen Regionen des ehemaligen Osmanischen Reiches zuvor gereist ist, wird in der Küche große Ähnlichkeiten entdecken können.

Süßes zum Abschluss darf natürlich nicht fehlen. Da gibt es einerseits die auch bei uns – wiederum durch die Türken eingeführte – bekannte „Baklawa". Als ägyptische Spezialität gilt Alis Mutter – kein Witz, „Umm Ali" ist eine heiße Kalorienbombe mit Rosinen, Nüssen, viel Zimt und Oberscreme. Dazu ein Tässchen Kaffee oder Tee. Dann ist man fit die Nacht durch zu tanzen oder zu diskutieren, je nach Geschmack. Auf alle Fälle wird der europäische Besucher erstaunt sein, dass lebhaftes Treiben auf der Straße stattfindet, wenn er gegen 23 Uhr satt gegessen, das Restaurant verlässt. Sinatra hat offensichtlich Kairo nie besucht, sonst wüßte er, dass mit „the city that never sleeps" ebenso gut Kairo gemeint ist. Übrigens wird Kairo in den schicken Kreisen „Big Mango" in Anlehnung an den „Big Apple" genannt.

Nächtens mit Freunden durch Downtown zu ziehen macht Spaß. Ägyptische Freunde werden vorschlagen auf einem der offenen Nilboote eine Tour zu machen. Es ist

Hauptabendunterhaltung, wenn nicht ein Fußballspiel läuft! Dann rücken alle Kaffeehäuser die Fernseher ins Zentrum und die Plätze sind rasch bis auf den letzten gefüllt.

Da viele Geschäfte bis Mitternacht offen haben, kann man sich davor auch noch eine neue Gardarobe zulegen. Mir tut es leid, dass die ägyptische Baumwolle immer weniger erhältlich ist und fast nur mehr in Asien hergestellte Textilien angeboten werden. Ägyptische Baumwolle ist zwar nicht so einfach zu ziehen, in der Textil-verarbeitenden Industrie gilt sie aber immer noch als strapazierfähigste Baumwolle am Markt. Meine inzwischen neun Jahre alte Jeansjacke „Made in Egypt" zeugt von ihrer Unverwüstlichkeit!

Ibrahim Abouleish, der in den Neunzehnsiebzigern in Österreich Technische Chemie und Pharmakologie studierte, erkannte die Chancen, die in der hochwertigen ägyptischen Baumwolle stecken und zieht in seinen Sekembetrieben biologische Baumwolle. Er schaffte im Bioanbau eine Ertragssteigerung und spart damit sogar jährlich errechnete 35.000 Tonnen Pestizide ein! Heute vermarktet er neben Gewürzen auch Baumwolle nach Europa, unter anderem nach Deutschland. Für seine Leistung in biologischer Landwirtschaft erhielt er schon mehrere Preise.

Wer also ägyptische Qualitätsware kaufen und tragen will, empfehle ich die Hauptfiliale der Kette „Omar Effendi" am Midan Talaat Harb. Im großen Foyer lauern die Verkäufer auf Kunden, halten sich aber vornehm zurück, wenn sie merken, der Kunde weiß genau, was er sucht. Der Zahlungsvorgang ist wie öfters mal in Ägypten für Europäer ungewöhnlich. Der Verkäufer, der während Ihrer Auswahl bei Ihnen geblieben ist, nimmt Ihnen die Stücke ab und bringt sie auf die eine Seite des Ladentisches. In meinem Fall hat eine angestrengt dreinblickende Dame auf erhöhtem Sessel hinter der Theke die Stücke dann auf einem Zettel notiert und etwas in eine Kasse getippt. Hier zahlt man aber noch nicht! Ihr Verkäufer geht mit dem Zettel und Ihnen dann zu jenem Kassier, der das Geld entgegennehmen darf. Ihre gekaufte Ware erhalten Sie dann von einem Dritten, der wiederum auf einer anderen Seite des Ladentisches thront, in Seidenpapier gewickelt und wenn gewünscht auch im Nylonsack. Ausgehändigt wird es aber von Ihrem Verkäufer, der sich dann mit Händeschütteln von Ihnen verabschiedet. Hat man sich einmal daran gewöhnt, ist diese persönliche Betreuung recht angenehm, da man das Gefühl bekommt, sein Geld wirklich gut ausgegeben zu haben! Die Ware steigt sozusagen an emotionalen Wert. An meine Einkäufe in Ägypten erinnere ich mich ganz genau. Das kann ich bei Wien, Berlin, London, Paris leider nicht sagen.

Die Bekleidungskette „Omar Effendi" ist nach der Revolution noch aus einem anderen Aspekt interessant. Die Omar Effendi Stores Limited wurden 1856 gegründet. Es entwickelte sich mit seinen sechsundachtzig Warenhäusern zu Ägyptens größter Kaufhausgruppe. Das Besondere daran war aber, dass die Kaufhausgruppe unter Nasser nach der 1952 – Revolution verstaatlicht wurde und zum beliebten, allseits bekannten Aushängeschild formierte. Unter Mubarak aber wurde die Kaufhausgruppe im Jahre 2006 um weniger als die Hälfte ihres tatsächlichen Wertes an die Saudi Arabische Kette Anwal United Trading verscherbelt. Die Angestellten rebellierten mit Streiks dagegen, aber es half nichts. Nach der blutigen Revolution von 2011 kämpfte nun der Aktivist und junge Rechtsanwalt Hamdi el-Fakharani darum, das unsaubere Geschäftsabkommen mit den Saudis neu aufzurollen – und siehe da: er gewann am 7.05.2011 den spektakulären Prozess unter Richter Hamdi Yassin in der ersten Runde. Die Mitarbeiter können jetzt berechtigt hoffen, dass das ab 2007 bergab laufende Geschäft wieder bergauf gehen wird.

Auch wegen der großen Verluste, vor allem aber wegen des politischen Umbruchs, wird nicht damit gerechnet, dass Anwal Beschwerde gegen das Urteil einbringen wird. Die

Behörde der verstaatlichten Betriebe gab jedenfalls bekannt, dass es zuerst in die Geschäftsgruppe investieren wird, um rasch den Umsatz wieder zu steigern. Also, bitte, seien wir gespannt, von wie vielen Dienern wir demnächst weitergereicht werden!

Als ich das erste Mal nach der Revolution wieder nach Kairo kam, ging mir auf der Fahrt vom Flughafen nach Schubra John Lennons „You say you want a revolution/well you know/we all want to change the world" („Ihr sagt ihr wollt eine Revolution, naja, wir wollen ja alle die Welt ändern") durch den Kopf. Die Ägypter aber trauten sich jeden Tag wieder, drei Wochen und länger, auf die Straße zu gehen, ohne zu wissen, ob sie wieder heimkommen würden. Aber die, die nicht getötet oder verhaftet wurden, taten es immer und immer wieder, bis die Veränderung endlich spruchreif wurde. „Angst ist der Beweggrund des Zwanzigsten Jahrhunderts" bemerkte der amerikanische Schriftsteller Norman Mailer mal. Diese Menschen aber unterdrückten ihre Angst. Der Beweggrund waren die Zustände, die sie nicht mehr hinehmen wollten, hinnehmen konnten. Schon in den Jahren davor war es immer wieder zu Streiks, Aufständen und Protestaktionen gekommen. In den Textilfabriken in Tanta und Kairo. In den Fabriken in Suez. An mehreren Plätzen in Alexandria, wo der Mord der Sicherheitskräfte an einem Blogger, eine Protestlawine ins Rollen brachte, die sich nicht mehr stoppen ließ, wie wir heute wissen. Viele Ägypter glaubten lange nicht an Veränderungen, an den Umsturz, an den Abtritt des Pharaos. Und heute? Was hat sich jetzt geändert? Außer, dass der Pharao gestürzt wurde und die Minister andere Namen tragen?

Überall prangte die ägyptische Fahne, war auf Bäumen, Mauern und Häuser gemalt, als ich kurz nach dem Umsturz das Land besuchte. „Proud to be Egyptian" – „Stolz Ägypter zu sein" stand da und dort unter der Fahne. Vodaphone, einer der drei Mobilfunkbetreiber in Ägypten, verkündete eine Lesen-und Schreibenkampagne mit der Ägypten bis 2017 komplett alphabetisiert werden soll.

Naguib Sawiri besitzt eine der anderen Mobilfunkfirmen. Er und sein Clan gehören zu den Reichen des Landes, dennoch, erzählt er gerne bei Interviews, sei auch er am Tahrir Platz demonstrieren gewesen, weil er sich eine Veränderung im Land wünschte und mündige Bürger begrüßen würde.

Nach der neunzehnzweiundfünfziger Revolution ging eine große Alphabetisierungskampagne durch das Land, die deutlich spürbar war. Überall ließ das Naguib/Nasser – Regime Schulen bauen und rief Intellektuelle zurück ins Land, um für die neuen Schulen und Universitäten Lehrpersonal zu finden. Heute zählt Ägypten mit 7,9 Facebook-Nutzern die meisten in ganz Afrika. Andererseits liegt laut der UNO die Alphabetisierungsrate bei nur 66,4 Prozent, Stand 2010, also wäre hier schon noch großer Aufholbedarf.

Der Enthusiasmus des Neubeginns war auch im ersten Halbjahr 2011 überall spürbar. Die positiven Stimmen überwogen in der Bevölkerung eindeutig den Pessimismus, der vor allem im Westen zu hören war und ist. Die Lage im Land gestaltet sich aber viel erfreulicher, als man aufgrund der Medienberichte in Europa annehmen könnte. Trotz der immer wieder auftauchenden Fehler der Übergangsregierung und Vergehen des Militärrates, überwiegen die positiven Seiten, die das Land seit dem Umsturz erlebt. Sicher, der Mob ist nicht von einem Tag auf den anderen zu zivilisieren und die von Mubaraks Gefolgsleuten freigesetzten Kriminellen erschweren die sicherheitspolitische Lage. Aber vergessen wir nicht, wir sprechen von einem Volk von 84,5 Millionen Menschen (UN, 2010), das regiert werden muss. Und dieses ist in der Mehrzahl nicht so gut gebildet und ausgestattet wie Deutschlands 81,2 Millionen Bevölkerung

(UN, 2010). Und auch Österreich und Deutschland haben nicht von einem Tag auf den andern die Entnazifizierung geschafft!

Ich habe mich in meiner Kairo – Zeit, vor wie nach der Revolution, auch wenn ich als Frau alleine durch die Stadt zog, immer sicher gefühlt. Natürlich rannte ich nicht mit Minirock und Hochhackigen herum. Aber eine Sondergardarobe braucht man für Kairo auch nicht. Angenehm sind weite Leinen- oder Baumwollblusen und Hosen, da sie nicht an der Haut kleben und trotzdem vor Staub und Sand schützen. Und Stöckelschuhe sind bei den unebenen Straßen und Gassen ganz und gar unpraktisch. Zumeist griff ich auf alte, gemütliche Turnschuhe zurück oder solche, die ich nachher waschen konnte. Trägt frau gerne enge Kleidung, ist es ratsam sich eine Jacke oder ein Tuch um die Hüften zu binden. Ansonsten müsste man halt dann und wann mit Zurufen und Pfiffen vorlieb nehmen oder gar mit einem stierenden Blick.

Einmal war ich zu einer Party im Bezirk Mohandisin eingeladen. Mein Kopfweh wurde aber immer schlimmer, also beschloss ich trotz der tollen Dachterrasse, der Musik und den vielen interessanten Leuten schon um halb drei zu gehen („schon“, weil die Party erst um Mitternacht begonnen hatte). Ich prägte mir gut ein, wo die nächste Durchzugsstraße liegt, um schnell ein Taxi zu ergattern. Als ich aber aus dem Haustor trat, staunte ich nicht schlecht. Hier spielte sich ein Verkehrsstau wie etwa um fünf Uhr nachmittags ab! Bevor ich noch richtig zum Nachdenken kam, sprang aus einem Wagen links von mir eine neue Besucherin der Party. Es war ein Taxi, sie deutete mir, es sei jetzt frei. Der Fahrer war froh, gleich den nächsten Fahrgast eingeladen zu haben. Trotz Verkehrsstau schaffte ich es dann noch im Dunkeln ins Bett.

Wie es aber in europäischen Großstädten auch Gegenden gibt, die man vor allem nachts vielleicht besser meidet, so findet man das eben in Kairo auch. Der Journalist und Schriftsteller Joris Luyendijk fühlte sich aber auch im Armenviertel Bulaq ad-Dakrur laut seinem Bericht sicher und wohl, von dessen Besuch sonst abgeraten wird.

Als Reisender wird man ohnehin Reiseliteratur konsultieren und zusätzlich kann man vor Ort Auskünfte bei der Hotelrezeption oder bei Taxifahrern einholen. Kairo bietet genügend Ausweichmöglichkeiten. Und sind wir uns ehrlich, reisten wir früher etwa nicht nach London, nur weil die IRA vielleicht doch mal wieder eine Bombe hätte zünden können und Mistkübel in Teilen Londons so schwer zu finden waren wie die vielzitierte Stecknadel im Heuhaufen? Oder meiden wir Spanien etwa nach den verherrenden Anschlägen von 2004? Nein! Deutsche und Österreicher reisen nach wie vor in diese Länder. Ebenso wenige Bedenken kommen dem modernen Reisenden deshalb auch bei Ägypten mit seiner Hauptstadt Kairo!

Als ich eines Tages von Osten kommend in die Stadt einfuhr, merkte man im Bus ab etwa Samalek, dass der Stau heute kein üblicher, war. Und richtig, als wir bei Bulaq über die Brücke kamen und uns der Cairo – Gateway – Busstation näherten, erfuhren wir, dass eine Demonstration wegen des schwachen Urteilsspruchs gegen den Innenminister stattfand. Später im Kaffeehaus hörte man die Leute lauthals darüber diskutieren oder auch streiten. Das ist der große Unterschied zu früher: wer Kairo vor der Revolution besucht hat, wird bemerken, dass heute überall Zeitung gelesen und politisiert wird. Die Stimmung ist frei und ausgelassen, und das ist das Schönste, was die Revolution mit sich brachte.

Ein anderes Mal war ich mit Mina auf dem Weg nach Gesira. Mir fielen Palästinafahnen auf. Jugendliche rannten aufgebracht umher. Später sah ich, dass sie T-Shirts trugen, die „Free Palestine“ aufgedruckt hatten. Am Nachhauseweg erfuhren wir, dass am Tahrir Platz eine Feier zur Unterzeichnung des Friedensabkommens zwischen der

Fatah und der Hamas, den oppositionellen Gruppierungen in Palästina, statt gefunden hatte. Auch das ist neu, ihr Mitgefühl für die leidige Situation der Palästinenser durften die Ägypter unter Mubarak nicht offen demonstrieren. Und wer in Europa weiß schon, dass Israel sein Gas fast gratis aus Ägypten bezieht, seit Sadat das Camp David Friedensabkommen unterschrieben hatte. Der Vertrag über die Erdgaslieferung wurde 2008 auf nochmals fünfzehn Jahre verlängert. Beim Nachverhandeln unter der nach-Mubarak - Übergangsregierung blieb Israel hart, es begründet sein Recht auf die Gratislieferung mit dem Abzug aus dem Sinai vor über dreißig Jahren.

Während Israel also Gas aus Ägypten beinahe kostenlos bezieht, kämpft der ägyptische Staat mit der maroden Infrastruktur der Energieversorgung. Viel zahlt der ägyptische Staatsbürger nicht für Strom und Gas, dafür muss er aber auch etliche Stunden Stromausfall hinnehmen, vor allem im Sommer, wenn in den besser gestellten Haushalten die Klimaanlagen voll aufgedreht sind.

Etwa siebzig Prozent der Energieversorgung kommt vom Assuanstaudamm oder Sadd el-Ali, eines der Megaprojekte der modernen Zeit, das Präsident Nasser unter viel Skepsis des Auslands und Teilen der eigenen Bevölkerung durchgezogen hatte. Mein Onkel war einer jener Ausländer, die bei der Evakuierung der Kulturgüter vor der Überflutung des Beckens zupackten. Bis heute wird das Projekt kontroversiell besprochen, denn die Vorteile in der Landwirtschaft, für die Trinkwasserversorgung, für die Schiffbarkeit, gegen Naturkatastrophen und für die Energiegewinnung sind zwar unbestritten, die Nachteile mit der Fließgeschwindigkeit des Flusses, der Ablagerungsprobleme der Sedimente, des Verlustes des wertvollen Nilschlammes und der hohen Verdunstung sind ebenso unbestritten.

Etwa fünfundzwanzig Kilometer nördlich von Kairo Stadt liegt an der Gabelung des Nils, das sogenannte Deltawehr beziehungsweise „Barrage du Nil". Es wurde unter Mohamed (oder Mehmed) Ali, der sich von der türkischen Herrschaft und der Reichsstadt Istanbul weitgehendst selbstständig machte und bestrebt war, Ägypten nach dem gescheiterten Napoleonfeldzug in die moderne technologisierte Zeit zu führen, schon im Jahr 1835 zu bauen begonnen. Die Fundamentlegung machte große Probleme, es wurde viel mehr Material als berechnet benötigt. Die Anlage besteht aus dem Schleusendamm über den Nilarm, der bei Damietta ins Mittelmeer fließt, und weiters zwei Schleusen, die die Tawfikija- und Mahmudija-Kanäle sperren. Etwas stromabwärts befindet sich dann die Mohamed Ali – Schleuse. Die Anlagen sind monumental gebaut und sollten an Burgen erinnern. Die Gärten wurden von englischen Landschaftsplanern konzipiert, wovon heute nichts mehr zu sehen ist. Die Parks sind ein beliebtes Ausflugsziel ägyptischer Studentschaft und von ägyptischen Familien. Es ist faszinierend, wie rasch im Norden, gleich bei der Ausfahrt aus dem Großraum Kairo, die grüne Deltaregion mit Landwirtschaft und Gärten beginnt.

Ägyptens Energieversorgung mit dem Kraftwerk des Assuanhochdammes und kleineren Staustufen reicht schon lange nicht mehr für die zwar schwächer aber dennoch stetig wachsende Bevölkerung. Solarenergieprojekte scheitern derzeit immer noch an der Finanzierung. Dabei stand Ägypten schon im Jahre 1913 ganz im Zeitalter der Solarenergie und wäre nicht der Erste Weltkrieg gekommen, wer weiß, ob nicht Ägypten als erstes Land der Welt Solarenergie genutzt hätte.

Erkannt hat die Möglichkeiten jedenfalls ein Amerikaner. Frank Shuman lud General Lord Kitchener nach Maadi zu einer Demonstration seiner Erfindung im Sommer 1913 ein. Interessiert stand eine Delegation der Kolonialverwaltung, die mit dem britischen General erschienen war, vor Reihen von Parabolspiegeln, die an einer Art Gerüst aufgehängt waren. Die Sonnenstrahlen trafen auf die nach oben gerichteten Spiegel und diese reflektierten die Strahlen auf ein Glasrohr, in dem Wasser lief. Das erhitzte Wasser lief zu Pumpen, die es rasch in ein feines Kanalsystem einspeisten und bewässerten auf diese Art die Baumwollfelder.

Schuman war überzeugt, dass Ägypten auf diese Art und Weise auf die importierte britische Kohle verzichten könne und mit dem erhitzten Wasser seine Fabriken betreiben und Haushalte modernisieren konnte. Leider kam es anders und Schuman mußte mitansehen, wie seine Konstruktion abmontiert wurde und das Metalgerüst für Kriegszwecke eingeschmolzen wurde.

Etwa 90km von Kairo entfernt in Kuraymat steht die erste Wohnsiedlung Ägyptens, die auf alternative Energiequellen setzt. Es ist eine Hybridanlage, die unterirdische Thermalquellen wie Solarpanelle zur Energiegewinnung nutzt. Kuraymat gilt als Vorzeigeprojekt, um Investoren anzuziehen. Hoch aktiv in Nordafrika sind deutsche Firmen. Unter dem Begriff "Desertec" soll ein Netzwerk aufgebaut werden, mit dem Europa bis zu fünfzehn Prozent seines gesamten Energiebedarfs aus Nordafrika beziehen soll. Neben Windenergieparks wird auf Solarenergie gesetzt. Wieviel von dieser Initiative für die nordafrikanischen Länder selber verwertbar sein wird, ist umstritten. Bei einer Konferenz in Kairo im November 2011 versuchten die europäischen Firmen, die unter dem Konsortium Desertec Industrial Initiative - Dii zusammenarbeiten, auf alle Fälle Länder wie Ägypten für das Projekt zu bewegen.

Es schadet auf alle Fälle nicht, bei einem Ägyptenbesuch wegen der momentanen Stromausfälle eine Taschenlampe mit voll aufgeladenen Batterien eingesteckt zu haben.

Ich hatte ein Bild vom Nilometer gesehen, eine Anlage aus dem achten Jahrhundert zur Nilstand Messung - da wollte ich hin. Mit der Metro fuhr ich bis zur Sayyida Zainab – Station, ging beim Kardiologischen Krankenhaus vorbei und über die Brücke auf die Insel Roda. Die Insel ist eine der letzten

Bebauungsareale des modernen Kairos, aber der am Ufer thronende Manyal Palast steht schon über hundert Jahre hier.

Als Vergnügungsstätte für den Adel wurde dieser Prachtbau im maurisch – andalusischen Stil errichtet. Im Innenhof befindet sich ein botanischer Garten. Die Wärter wollten mich nicht hineinlassen, da er offiziell renoviert wird. Das hört man aber schon jahrelang. Allerdings, die Außenmauern und der Turm, der mich beim ersten Anblick sofort an Marrakesch erinnerte, sind inzwischen renoviert. Die Gartenpavillons im persischen, andalusischen oder osmanischen Stil leider noch nicht. Im Durchgang zum Garten sieht man wunderbare Fliesen mit variantenreichen Dekor und Holzschnitzereien. Zwei kleine Löwen hocken vorm nächsten Eingang. Ein Wärter im Malerkittel kam auf uns zu und gestikulierte heftig. Ich musste zu dem sogenannten Touristenpolizisten, einem dicklichen Jungen in weißer Uniform, gehen und Erlaubnis zum Gartenbesuch einholen. Keiner verstand, warum ich mir den Palast und den dazugehörigen Garten ansehen wollte. Schließlich lachten alle und baten mich ein Foto von ihnen zu machen. Auf dem Foto sieht man vier Männer unterschiedlichen Alters, die grinsen und scherzen, und wer das Foto sieht, glaubt nicht, dass mich eben diese noch Minuten vorher grimmig abweisen wollten.

Ich zog unter Winken und Zurufen wie „Welcome!“ und „Come back next year!“ weiter, bog in die Manyal – Straße ein und ging diese gen Süden. Es ist eine herrliche Allee mit teils schönen, teils hässlichen aber immer großzügig angelegten Neubauten. Hier wohnt die betuchte Mittel- und die Oberschicht. Es ist viel ruhiger als in den dichten Bezirken Kairos, das liegt hauptsächlich am geringen Verkehrsaufkommen. Einige Geschäfte hatten offen. Moscheen und Kirchen sieht man in Roda keine. Dafür befindet sich am Westufer ein Sportklub und die Universität für die Zahnarztausbildung. In der Mitte der Insel ist eine Tankstelle mit einem Café der Kette „On the Run“. Da reiche Bezirke leider keine Kaffeehäuser haben, beschlossen wir an der Tankstelle zu rasten wie moderne Nomaden. Die Klimaanlage schockte mich beim Eintreten. Die Toiletten waren sauber und der Kaffee im Pappbecher schmeckte erstaunlich gut, aber natürlich kostete er das Zehnfache im Preis zu einem Kaffee in einem gewöhnlichen Kaffeehaus. Am Ausgang erhielt ich Mangoeis geschenkt – Geburtstag der Kette „On the Run“. Ehrlich gesagt, Eis esse ich in heißen Ländern wie Ägypten mit immer wieder ausfallendem Energiesystem nie, aber hier musste ich eine Ausnahme machen, denn wer schaut einem geschenkten Gaul schon ins Maul? Und ich lag richtig, das Eis schmeckte hervorragend. Das ist einer der angenehmen Nebeneffekte der bessergestellten Bezirke in Megacities, nämlich dass sie sich Notstromaggregate leisten können!

Die al-Manyal – Straße endete abrupt an der ar-Roda – Straße. Wir hielten uns links und gingen an der Uferstraße entlang bis zum Ende der Insel. Die kurze Eisenbrücke ist noch aus dem vorletztem Jahrhundert und auch heute nur ein Fußgängerübergang. Bevor wir aber hier auf die Festlandsseite wechselten, gingen wir in die Anlage zum Nilometer und Ad-Durr - oder auch Al-Monasterly – Palast genannt, eine weitere Vergnügungsvilla aus der Khedivenzeit.

Da kam ein junger Mann auf uns zugelaufen und führte uns zum Tickethäuschen. Kurz darauf standen wir an der niedrigen Mauer am spitzzulaufenden Inselende wie an der Raling eines Schiffes und überblickten beide Nilfestufer und den ruhig dahinfließenden Fluß. Über uns wogten Palmen, Pinien und Bäume, die ich leider nicht zuordnen konnte, wie etliche der anderen exotischen Pflanzen in dem Garten rund um den Palast.

Der Nilwasserstandsmesser des Kalifen El-Hasib aus dem Neunten Jahrhundert ist im Prinzip ein Schacht mit einem Kuppeldach, welches Napoleons Soldaten zerstörten. So wurde es unter den Osmanen erneuert.

Der Abstieg in den Nilometer war nur mit Führer erlaubt, was ich sofort verstand, denn die schmale Wendeltreppe in die Tiefen ist eine Herausforderung. Als ich schon dachte, vor Schwindel sowieso nichts mehr zu erkennen, tauchten tatsächlich die hunderte Jahre alten Gravuren auf. Ganz deutlich erkennbar auch die Spruchbänder aus der Ibn Tulun Zeit. Wieder Zeichen dafür, wie eng der Nil mit dem Bestehen Ägyptens verbunden ist.

Vom Ab- und Aufstieg berauscht, wanderten wir weiter zum putzigen Palast, der eine interessante Ausstellung zum Nil und der Wasserwirtschaft zeigt. Dann gab es noch das Umm-Kalthoum Museum, in dem Exponate und Fotos aus dem Leben der populären Sängerin ausgestellt sind.

Die Wärter drängten aber zur Eile, die Anlage wird, wenn man sie überhaupt offen vorfindet, um sechzehn Uhr geschlossen. Leider hält man sich nicht so genau an die Vorschriften und wenn die Wärter in einem anderen Job oder zuhause Verpflichtungen haben, schließen sie auch schon mal ein, zwei, drei Stunden früher oder sperren mal einen Tag lang gar nicht auf. Diese Tatsache ist für Ägypten - Reisende immer wieder aufreibend und Grund für Enttäuschungen.

Vom Inselende aus hatten wir Restaurantboote auf dem Ostufer entdeckt. Wir gingen also über die Brücke und die Corniche stadtauswärts. Treppen führten zu einer River Boat Station. Von Zeit zu Zeit legen hier die am Nil herumkurvenden Restaurant und „Trinkboote“ an. Fahrplan gibt es keinen, kürzer wartet man aber sicher an den Einstiegsstellen zwischen den 6. Oktober - und Tahrir - Brücken. Auf den kleinen Booten wird nur Kaffee und Tee serviert und meistens eine Schischa, eine Wasserpfeife dazugereicht. Auf den großen Booten kann man dinieren, während man den Nil an Kairo vorbei rauf und runter fährt.

Auf dem ersten angelegten Uferboot an der Corniche war ein Chinarestaurant untergebracht, die nächsten beiden waren Fischrestaurants. Wir entschieden uns für das ruhigste Boot. Am Deck mit Aussicht auf Roda und das Westufer blieben wir schließlich bis zum Sonnenuntergang sitzen. Die Skyline des Westufers mit den im zwanzigsten Jahrhundert erbauten Stadtbezirken Kairos und der angrenzenden Stadt Gisa erinnert mit den vielen Wolkenkratzern an ähnliche Skylines am Hudson River oder an der Themse. An der Straße an-Nil am gegenüberliegenden Westufer liegt auch die österreichische Botschaft. Ich erinnerte mich an den grandiosen Ausblick, den die Botschaftsleute von ihren klimatisierten Büros aus genießen, während die ägyptischen Besucher im Neonlicht des grauslichen Stiegenhauses Platz nehmen müssen. Willkommen im gastunfreundlichen Europa!

Hinter der an-Nil – Straße befindet sich der Zoo. Es ist einer der ältesten Tiergärten der Welt, wurde aber wegen der schlechten Gehegehaltung aus dem internationalen Tiergartenverband ausgeschlossen. Die Ägypter benützen den Zoo als Park zum Picknicken. Da in Ägypten Umweltschutz leider noch ein Fremdwort ist, Mistkübel viel zu wenige aufgestellt werden und die Müllentsorgung mehr schlecht als recht passiert, sieht der Zoo dementsprechend schmutzig aus.

Auf der dritten Kairo – Nilinsel, deren Beginn man ebenfalls vom Restaurantboot aus sehen kann, liegt das Pharaonic Village von Dr. Ragab, der auch das Papyrusinstitut mit Aufforstung von echtem Papyrus betreibt. Das Pharaonic Village ist praktisch ein Freilichtmuseum der pharaonischen Zeit. Die Kostümierung, die nachgestellten Häuser und Handwerksläden, der Basar und die Falukenbootsfahrt sprechen vor allem Familien an. Am Freitag und Feiertagen ist das Pharaonic Village deshalb mit ägyptischen Familien gefüllt. Billig ist es allerdings nicht. Der Grundeintrittspreis kostet etwa zwölf Euro. Verbringt man den Tag dort, ist es aber besonders nett, sich zusätzlich ein Kanu oder Paddelboot auszuleihen und gemütlich durch den Schilf und an den nachgebauten Tempeln vorbeizugondeln. Der Besucher kann aber auch auf ein Yachtboot steigen, das einem dann ganz professionell etwa eine Stunde lang den Nil rauf und runter führt, während man die servierten Snacks und Getränke genießt. Nachgebaut ist auch das Grab Tutench-Amons, dessen echte Grabfunde man zuvor im Ägyptischen Museum betrachten konnte. Reserviert man den Besuch vorab über das Internet (www.pharaonicvillage.com), erhält man angeblich zehn Prozent Rabatt, wurde mir empfohlen. Rechnen Sie aber unbedingt mit der üblichen ägyptischen Geräuschkulisse von Kindergeschrei, Frauengekreische, schlecht eingestelltem Radio und brüllendem Gelächter, sonst könnten Sie bei Ihrem Besuch enttäuscht werden.

Als ich so auf das Westufer blickte, fiel mir plötzlich noch etwas ein. Vor rund dreitausendvierhundert Jahren, als es Kairo noch nicht gab, fand dort am Westufer Prinzessin Thermutis, Tochter des Pharaos Seti des Ersten, ein ausgesetztes weinendes Baby in einem Bambusschiffchen. Als Erwachsener und Moses getauft sollte dieses eine neue Glaubensgruppe weg vom pharaonischen Tyrannen in ein neues gelobtes Land führen. Der weitere Verlauf der populären Geschichte ist ja bekannt!

Das ursprüngliche Kairo begann hier auf der Ostseite zu wachsen. Geht man von der Stelle der Restaurantboote gen Osten und steigt über die Metrogleise stoßt man bei der Metrostation Mar Girgis auf die alten Festungmauern. Die Geschichte kann wie Polkehn es macht folgendermaßen zusammengefasst werden: „Nämlich: die Zeit von der IV. bis zur XXX. Dynastie, in der Memphis immer eine bedeutende Stadt blieb; die Zeit der Eroberung durch Alexander von Mazedonien (333 v.u.Z.)und der folgenden Dynastie der Ptolemäer, deren Herrschaft wiederum von den Römern beendet wurde. Ägypten war seit dem Jahre 30 v.u.Z. eine Provinz des Römischen Reiches, die man von Alexandria aus regierte. Irgendwann in dieser Zeit bauten die Römer am Ufer des Nil eine Festung, die aus unerfindlichen Gründen den Namen Babylon erhielt."

Zwei mächtige Türme sind übriggeblieben, die den Zutritt zum heute „Koptischen Viertel" genannten Stadtbereich kennzeichnen. Hier befindet sich immer viel Tourismuspolizei, um Eskalationen zwischen den Bevölkerungsgruppen vorzubeugen. Die christlichen Ägypter gehen auf die Missionsreise von Apostel Markus zurück, die etwa achtundvierzig Jahre nach Null begann. Hier, an einem der südlichsten Ausläufer des Römischen Reiches fand die neue Sekte viele Anhänger. Nach dem Niedergang des pharaonischen Reiches, der defacto Besatzungen durch die Griechen, der Perser, der Römer, empfanden die Ägypter die neue Religion, gegen die ihre Besatzer ankämpften, als Befreiungsschlag und traten deshalb in Scharen bei. Genannt werden die christlichen Ägypter bis heute Kopten. Vermutlich geht der Begriff auf das griechische Wort „Aigyptioi" zurück und dieses soll wieder auf die altägyptische Bezeichnung für Memphis, nämlich „He-Ka-Ptah", zurückgehen. Die Araber wiederum bezeichneten die Ägypter als „kibt", was wiederum die Europäer hörten und daraus „Kopte" oder „Copt" formten. Insofern ist es richtig, wenn sich die ägyptischen Christen als die Ureinwohner Ägyptens bezeichnen. Richtig ist aber natürlich auch, dass durch die neue Religion des Islams, die im siebten Jahrhundert nach Null Ägypten erreichte, viele dieser Ureinwohner muslimisch wurden, um sich vom Byzantinischen Reich zu lösen. Die römische Kirche schloß die ägyptischen Christen übrigens schon vierhunderteinundfünfzig nach Null aus, beziehungsweise klinkten sich die aus der römischen Kirche aus, je nach Lesart der Geschichte. Streitpunkt war das Dreigestirn Vater, Sohn und Heiliger Geist, das Kopten ablehnen. Für sie ist Jesus ein Prophet, wenn auch ein besonderer, ganz ähnlich wie er später im Islam auch auftritt.

Ebenso interessant ist in diesem Zusammenhang, dass die sogenannte Arabisierung des ursprünglich afrikanischen Volkes (in archäologischen Büchern wird einerseits von den Libyern andererseits von Berbern oder auch „dem Nilvolk" gesprochen) schon unter den Pharaonen begann. Das Reich Pharao Ramses des Zweiten etwa reichte bis zur heutigen Türkei, wo er nach langen Kriegen mit den dort herrschenden Hethithern, eine Grenze befrieden konnte, die in etwa die heutige Nordgrenze Syriens darstellt. Die in Syrien heimischen Semiten, also Asiaten, holte er sich nach Ägypten als Schreiber und Buchhalter. So wurden aufgrund der Bildung schon damals die Semiten den Hamiten in den oberen Berufsschichten vorgezogen. Unter Präsident Nasser, also Jahrtausende später, wurde versucht die Nubier, die als sozusagen echte Afrikaner im Vergleich zu den arabisierten oder asiasierten Afrikanern in Ägypten „übriggeblieben" waren, durch Bildungsprojekte gleiche Chancen einzuräumen und sie aus der Randstellung in der Gesellschaft herauszuholen.

Ähnlich wie die ins Pharaonenreich geholten gebildeten Araber den heimischen Afrikanern vorgezogen wurden, zogen die Kolonialherren die christlichen Ägypter den muslimischen Ägyptern vor. Sie hatten über die christlichen Gymnasien und Hochschulausbildungen eine bessere Ausgangsbasis für die gehobenen Positionen im Staatswesen. Präsident Nasser wollte die Staatsämter für die muslimische Bevölkerung öffnen und führte deshalb eine Quotenregelung ein, die bis heute nicht abgeschafft wurde. Entsprechend dieser werden alle staatlichen Posten, also auch Polizei- und Militärwesen, mit etwa neunzig Prozent muslimischen und zehn Prozent christlichen Personen besetzt. Das hatte zur Folge, dass eine massive Auswanderungsbewegung der christlichen Akademiker und später anderer christlicher Personen einsetzte, die bis heute andauert. Die größte Auswanderungsgruppe findet sich in Australien, wo schon seit den neunzehnhundertsechziger Jahren ganze Viertel von christlichen Ägyptern in allen Generationen bevölkert werden. Weiters die USA und Südamerika. Europa war nie Ziel der Ausreisenden, wenn dann eher Zwischenstation. Viele Ägypter gingen in den Irak arbeiten, etliche waren bis vor Kurzem in Libyen beschäftigt. Ägyptische Gastarbeiter findet man auch in den Vereinigten Arabischen Emiraten.

In den neunzehnachtziger Jahren, als die Wende vom Sozialismus zum Liberalismus vollzogen war und Arbeitslosigkeit und Auswanderung sich in der Mittelschicht breit gemacht hatten, organisierten sich zunehmend christliche Personen, die mit der Forderung für mehr Rechte für ihre Religionsgemeinschaft an die Öffentlichkeit traten. Zur etwa gleichen Zeit erstarkten die unterdrückten islamistischen Kräfte. Diese beiden fundamentalistischen Lager, die in den Medien starkes Echo finden, dürfen aber nicht darüber hinwegtäuschen, dass Ägypten immer noch ein friedliches Zusammenleben der Religionsgruppen vorweist. Die jüdische und christliche Religion sind anerkannte Religionen.

Was gar nicht akzeptiert wird, ist keine Religion zu haben. Ist man Europäer, wird man automatisch dem Christentum zugeordnet. Atheismus ist völlig verpönnt. Selbst Nasser, der mit dem Atheisten Joseph Broz Tito engstens befreundet und politisch verbunden war, erklärte öffentlich immer wieder, er sei Nationalist und Moslem. Nach Nassers Tod wurde 1971 in dem umstrittenen Artikel zwei der Islam sogar als Staatsreligion in die Verfassung aufgenommen. Politiker praktizieren seither in aller Öffentlichkeit die religiösen Rituale. Die Würdenträger der Religionsgemeinschaften, der Oberste Scheich der Al-Ahzar – Institution und der Patriarch der koptischen Glaubensgemeinschaft treffen für Gespräche immer wieder zusammen und zeigten sich auch gemeinsam mit dem Staatspräsidenten bei hohen Staatsanlässen und nationalen Feiertagen.

Etliche Vornamen werden von muslimischen wie christlichen Ägyptern gebraucht: Ibrahim, Hischam, Magdy, Heni, Nader, Kamil, Fathy, Ramzy, Said und viele mehr. Erst in Kombination mit den weiteren Namen, dem des Vaters, des Großvaters, des Familiennamens erkennt ein Ägypter, welche Religionszugehörigkeit sein Gegenüber hat. Auch die Ausdrücke „Bismi'llah" (in etwa „Im Namen Gottes") oder „Inscha'allah" (etwa „So Gott Will") werden von allen Ägyptern, egal welcher Religion, verwendet. Wie in anderen Ländern auch sind es vor allem die unzähligen arbeitslosen Jugendlichen und jungen Erwachsenen, die durch die radikale Religionszuwendung ihre Zukunft zu finden meinen. Die schwierigste Aufgabe der neuen Regierung wird es sein, rasch Arbeitsplätze für alle zu schaffen, die Bildung der jungen Leute voranzutreiben und die Vermögensverteilung aus den enormen Einnahmen des Suezkanals besser zu gestalten.

Jetzt aber zurück mit den Gedanken zu den massiven Mauern, vor denen wir stehen. Die beiden mächtigen Türme, die wahrscheinlich einmal Bewachungstürme des Stadtteils waren, flankieren den Eingang zum Koptischen Museum. Der linker Hand überragende Rundturm gehört zur Georgskirche. Zuerst aber ging ich in die „Schwebende Kirche" (al-Muallaqa), rechts vom Koptischen Museum. Der Name rührt daher, dass sie tatsächlich mal über den Mauern thronte. Sie soll größer gewesen sein und von einem zum anderen Stadttor gereicht haben als sichtbares Symbol des neuen Glaubens. Der Mauer entlang gelangt man zu ihrem Eingang. Die Kirche von El-Moallaka, wie sie auf Deutsch auch geschrieben wird, wurde im vierten Jahrhundert gegründet. Ihr heutiges Erscheinungsbild geht auf das zehnte Jahrhundert zurück, allerdings wurde sie seither mehrmals renoviert und vor allem zwischen dem siebzehnten und neunzehnten Jahrhundert dem jeweiligen Modetrend in der Baukunst angepaßt. Schon auf Straßenebene fiel mir das beeindruckende romanische Züge tragende Außentor auf, das gleich zur ersten Treppe aufwärts führt. Auf der Empore fällt wiederum die kunstvolle Holzschnitzarbeit auf. Hölzer kamen hauptsächlich aus dem Libanongebirge, das heute nicht ohne Grund karg und kahl ist. Weiter geht es durch einen dunklen Gang, durch den der Besucher zum Innenhof gelangt, der die mittelalterlichen Christen wohl zur Rast und Sammlung einlud. Heute ist es Sammelpunkt der ägyptischen Familien am Sonn- oder auch Freitag, vor allem aber auch der vielen Touristengruppen, die hierher strömen. Rechter Hand befindet sich ein Souvenirgeschäft.

Breite weiße Steintreppen führen zur Kirche weiter. Der erhöhte Teil des Hofes, Nartex genannt, stammt aus dem elften Jahrhundert. Hier saßen ursprünglich die Taufbewerber, um die Messe aus größerer Distanz beobachten zu können. Die Kirche ist der Heiligen Mutter Gottes geweiht. Seit dem elften Jahrhundert war sie Sitz des Patriarchen von Alexandria. Beim Eintritt in die Kirche öffnet sich dem Besucher ein vierschiffiges Langhaus mit der Kanzel auf der rechten Seite. Im Mittelalter muß das Kircheninnere mindestens fünfschiffig gewesen sein. Zwei Säulenreihen mit korinthischen Kapitälen, die von älteren Gebäuden genommen wurden, fielen mir gleich ins Auge. Die Ikonostasis vorne ist dreigeteilt. Hinter der Holzwand mit feinster Einlegearbeit befindet sich links das Heiligtum zu St.Georg, daneben jenes zur Heiligen Mutter Gottes und rechts zu Johannes dem Täufer. Wie auch in europäisch–orthodoxen Kirchen verschwindet der Geistliche für die Wandlung hinter dieser Abtrennung.

Bei Restaurierungsarbeiten wurde 1984 eine Minikapelle in der Festungsmauer entdeckt. Im rechten Kirchenschiff vorne ist die Kapelle vom Hl. Takla Haymanut eingerichtet. Dieser regionale Heilige aus Äthiopien lebte im dreizehnten Jahrhundert. Die Fresken im Gewölbe zeigen die Apokalypse.

Draußen auf der Straße wieder hält man sich rechts. Der Turm, in dem die Georgskirche untergebracht ist, wurde im beginnenden neunzehnten Jahrhundert komplett neu aufgebaut, nachdem er durch Brand stark beschädigt wurde. Breite Treppen führen hinauf zum Portal. Im ersten Raum steht eine Georgsstatue. Der Namensgeber der Kirche ist auch Namensgeber der Metrostation und der Umgebung: Mari Girgis. Laut Golding ist der Heilige Georg vom Vatikan zur Unperson erklärt worden, ob es stimmt, weiß ich nicht, in der koptischen Kirche kommt er jedoch oft vor. So heißt auch gleich das gegenüberliegende Kloster nach ihm. Auf den Stufen dorthin befindet sich ein gemütliches Café.

Sollten Sie noch nicht zu müde sein, spazieren Sie noch durch den dahinterliegenden Friedhof. Die alten Gräber erzählen ganze Familiengeschichten. Auf etlichen Grabsteinen befinden sich auch Abbildungen der Verstorbenen. Es befinden sich hier jetzt noch die kleinere und ältere Kirche Mari Girgis, ursprünglich siebtes Jahrhundert, die Sitt Barbara und die Abu Sarga. Die jetzige Sitt Barbara wurde im Zehnten Jahrhundert neu erbaut. Diese kleine Kirche besticht durch einen außergewöhnlichen Grundriß und dem hellen Erscheinungsbild. Der hölzerne Dachstuhl liegt offen. Die Ikonostasis ist mit Elfenbeineinlagen durchzogen.

Auf meinem ersten Spaziergang durch den Friedhof zu den Kirchen war ich alleine unterwegs und zog gleich die Aufmerksamkeit der vielen Kinder an. Mit „Hello Miss!“ und „What's your name?“ umringten sie mich und probierten tapfer ihre ersten Englischkenntnisse aus. Die Kleinen plapperten nach. Sie zogen mit mir herum, kicherten, wenn sie komisch fanden, was mich interessiert und freuten sich, wenn ich sie fotografierte. Ein Erwachsener entschuldigte sich für die Kinder und wies sie auf Arabisch zurecht, bedankte sich dann bei mir, als ich beteuerte, dass sie mich nicht störten.

Die Abu Sarga Kirche ist Sankt Sergius und Bacchus geweiht. Sie geht auf das frühe fünfte Jahrhundert zurück und soll die älteste erhaltene Kirche Ägyptens sein. Die Kirche zeigt den Grundtypus aller alten ägyptisch-byzantinischen Basiliken, die von koptischen Christen genützt werden. Drei Kirchenschiffe werden durch zwei Säulenreihen geteilt. Die Marmorsäulen wurden älteren Gebäuden entnommen. Die drei alten Eingänge sind zugemauert. Das Wasserbecken ist alt und wird für die traditionelle Fußwaschung zum Epiphaniasfest nach wie vor verwendet. Das Allerheiligste hinter der Holzikonostasis enthält hier Stufen, die zum Priestersitz führen. Der Hochaltar wird von einem Baldachin flankiert.

Der Legende nach war die darunterliegende Krypta jene Höhle, in der die Heilige Familie Unterschlupf fand. Leider steht die Kirche aber seit 2003 unter Wasser und solange sie nicht generalsaniert wird, kann die Krypta nicht besucht werden. Der Eingang wäre links vom Allerheiligsten.

Außer den Kirchen sollte man auf alle Fälle die Synagoge Ben Ezra besuchen, die rechts von der Sitt Barbara Kirche liegt. Errichtet wurde sie im zwölften Jahrhundert. Der bekannteste Rabbi dieser Synagoge war Moises Ben Maimon, der als persönlicher Arzt vom berühmten Salah ed-Din oder bei uns genannt Saladin (Bezwinger der Kreuzritter) unter dem Namen Maimonides bekannt wurde. Die Innengestaltung ist allerdings aus dem Neunzehnten Jahrhundert. Die ehemals mächtige jüdische Gemeinde schrumpfte immens als das neu geschaffene Israel Juden aus aller Welt zu sich holte.

Den Kindern gab ich zum Abschied in Ermangelung anderer Mitbringsel einen Kugelschreiber und zwei Bleistifte. Ich fürchtete, dass sie streiten würden, denn drei Stifte unter ein Dutzend Kinder zu teilen, ist nicht einfach. Aber die Kinder reichten die Stifte von einem zum Anderen, jeder betrachtete und bedankte sich, dann steckte der Größte und wahrscheinlich Ältester unter ihnen sie ein und wir verabschiedeten uns, nachdem ich jeden einzelnen die Hand gereicht hatte, unter viel Winken und „Bye-bye, Miss"-Rufen.

Genug der Gebetsräume, wenden wir uns Kunst und Kultur zu und besuchen wir das Koptische Museum, dessen Eingang sich zwischen den beiden römischen Befestigungstürmen befindet. Durch ein hohes Portal aus Stein betritt man den kühlen Palast. Der alte Teil des Museums wurde 1908 vom ägyptischen Kunstsammler Markus Simaika Pascha eröffnet. Rechts neben dem Eingangsportal ist in Stein eine Inschift dem rührigen Stifter gewidmet. Der alte Palast liegt rund um einen Hof, in dem antike Säulen aufgestellt sind.

Die unteren Ausstellungsräume widmen sich der frühen christlichen Zeit in Ägypten. Portale, Statuen, Säulen, Kapitäle, Grabsteine und Textiles erzählen von einem regen Treiben entlang des Nils. Kinderstatuen in Tuniken mit bemalten Gesichtern und Spielzeug zu dieser Zeit sind ebenso in einem der oberen Räume zu sehen. Häufig findet man die Figuren im Sitzen. Die Requisiten Trauben und Tauben sind Symbole des Lebens und auf den textilen Darstellungen wie bei den Statuen häufig zu finden. Das koptische Kreuz findet sich neben dem pharaonischen Ankhkreuz, das im oberen Teil eine Schleife zieht. Auch die oftmalige Abbildung der Fruchtbarkeitsgöttin Issis deutet darauf hin, dass der Eingottglaube noch nicht lange ins Lande gezogen war. „Unter dem Kaiser Konstantin (324 – 337) wurde das Christentum Staatsreligion, im Jahre 399 verbot man die Kulte in den alten Tempeln, und 408 wurden die Tempel sogar zu beliebiger Nutzung freigegeben (dies dürfte das exakte Datum des Beginns des Verfalls der altägyptischen Denkmäler sein). In einem heftigen theologischen Streit, dessen Höhepunkt das Konzil von Chalcedon (451) war, spaltete sich das ägyptische Christentum von der Reichskirche ab – seit dieser Zeit hat es seine Eigenständigkeit bewahrt.", schreibt Polkehn, um die eigenständige Entwicklung der christlich geprägten Kunst in Ägypten zu erklären. Ebenfalls auffällig für uns moderne Reisende heute ist, dass Knaben und junge Männer oft geschminkt dargestellt sind. Der Kajalstift umrundet dick aufgetragen die mandelförmige Augen. Diese Kohlestifte wurden schon unter den Pharaonen verwendet und man sagt ihnen nach, dass sie die Augen reinigen und von Schmutz freihalten würden. Weiters sind die Wangen mit Rouge und die Lippen rot gefärbt. Auch Nofretete tritt uns als Büste ähnlich geschminkt gegenüber.

Die oberen Galerien und Seitentrakte präsentieren vor allem die Ikonografie, eine Kunstgattung wie wir sie in der gesamten orthodoxen Kirche vorfinden. Weiters erzählen unzählige Bücher und Handschriften von der Haupttätigkeit der im Katharinen-, Jeremiah – oder im al-Minya – Kloster lebenden Mönche: das Abschreiben und Übersetzen. Es wurden die griechischen und teils lateinischen Texte ins Koptische übersetzt. Diese Sprache, die bis zur kompletten Arabisierung von den christlichen Ägyptern auch im Alltag gesprochen wurde, wird heute noch in den Messen verwendet.

Die wertvollsten Manuskripte und Kodexe sind jene, die 1945 durch Zufall im mittelägyptischen Nag Hammadi gefunden wurden. Sie gehen auf etwa vierhundert nach Null zurück. Der Sand hatte sie hervorragend konserviert und die Auswertung des riesigen Fundes ist noch nicht abgeschlossen. Heute aber kann man schon sagen, dass die philosophischen Texte unter dem Material wohl die aufschlussreichsten sein werden und die Wissenschaft erwartet sich Erkenntnisse über die noch mager beleuchtete Umbruchzeit zwischen Untergang der Pharaonenreiche, griechischer Eroberung, römischer Besatzung und Anschluss an das Byzantinische Reich.

Aufgrund des Erdbebens im Jahre 1992, das auch diesen Stadtteil Kairos schlimm erwischte, war das Museum bis ins Jahre 2006 geschlossen. Heute gilt es als eine der wichtigsten

Sehenswürdigkeiten in Kairo. Auf achttausend Quadratmetern werden an die zweitausend Artefakte ausgestellt.

Wer schon im Bode Museum in Berlin Kunstschätze des christlichen Ägyptens gesehen hat, ist schon eingestimmt auf die feinsinnigen Portraits, die Textilkunst, die unzähligen Handschriften und Bücher, hat aber die Highlights in Kairo trotzdem noch vor sich.

Unweit vom koptischen Kairo findet sich die nächstälteste Stadtgründung, Al Fustat. An Cafés, Souvenirläden und unzähligen Touristenpolizisten, die meisten ganz in Weiß gekleidet, geht man vorbei und die Straße gerade aus. Linker Hand ist dann die Abzweigung zu dem kleinen Ausgrabungsbereich, einfach den Schildern folgen. Die zahlreichen Funde sind allerdings im Koptischen oder im Islamischen Museum ausgestellt. Da kaum mehr Touristen hierherkommen, sind die 2001 abgeschlossenen Renovierungsarbeiten am Souk Al Fustat schon wieder verstaubt und kaum wahrnehmbar. In einem Lehmziegelbau wird altem Handwerk in Schauwerkstätten nachgegangen und die ziselierten Schalen, Holzschnitzereien und Steinbearbeitungen an den Ladentischen gleich verkauft. Die bauchigen Wasserkrüge heißen *kulla*. Aufgrund zu wenigem Interesse stehen Schauwerkstätten heute leer oder werden anders genützt. Die Gegend gehört zu den ärmeren in Kairo. Dreihundertfünfzig Wohngebäude wurden um Zweitausend herum saniert. Ein Kanalsystem wurde gelegt, Elektrikanschlüsse installiert und Fenster erneuert. Der Staub der hier angrenzenden Wüste legt sich auf Straßen, Plätze und die vor etwa zehn Jahren renovierten Häuser.

An der Hauptstraße, die ins heutige Stadtzentrum führt, liegt die Moschee des Amr Ibn el-As. Das war der geniale Feldheer der arabischen Heere, die beim Vorstoß gegen Westen 641 nach Null die römische Festung Babylon gestürmt haben sollen. Ihre eigene Stadt bauten sie dann aber nördlich davon, eben Al Fustat, ein Name, der angeblich vom Lateinischen *fossatum,* was so viel wie „umwallt“ , laut anderer Literatur „Gräber“ heißen soll. Wie auch immer, die Stadt ist von hier aus wegen der kühleren Winde am Fluß immer weiter nördlich gewachsen. Östlich eingerahmt wird sie von den Moqattam Hügeln und im Süden auf der Westseite des Nils von den Pyramiden und der Verwaltungsstadt Gisa.

Die Moschee gehört zum konservativen Lager. Erstes Anzeichen dafür ist, dass es getrennte Eingänge für Männer und Frauen gibt. Innen sind die Bereiche durch einfache Stellwände abgetrennt. Da Frauen nicht in den eigentlichen Innenhof vortreten dürfen, ist ihnen leider die unglaubliche Weite nur eingeschränkt ersichtlich. Die Moschee hat nämlich unglaubliche Ausmasse, die Säulengänge rund um den weiten Hof sind gewaltig. Leider aber wird diese architektonische Kühnheit durch die biederen Trennungen gestört. Es ist auch die einzige Moschee gewesen, in der ich mich zusätzlich verhüllen mußte. Der Umhang wurde bei den Schuhregalen vergeben. Es ist übrigens ratsam für Frauen bei einem Kairobesuch immer ein Kopftuch oder einen Schal griffbereit zu haben, dann kann man jede Moschee, die einem auf dem Stadtspaziergang unterkommt, besuchen. Die Schuhe zieht man beim Eintreten aus. Meistens sind Regale beim Eingang aufgestellt, mit einem Wächter daneben, der etwas Trinkgeld erwartet. Bei kleinen Moscheen lässt man die Schuhe einfach draußen stehen. Keine Sorge, mir sind noch nie welche abhanden gekommen!

Noch etwas erlebte ich in dieser Moschee, was man nicht oft sieht: eine Scheicha. Sie saß komplett in Schwarz verhüllt, inklusiver schwarzer Handschuhe auf einem Potest. Rund um sie hockten oder knieten ebenso stark verhüllte Frauen und lauschten ihren Worten. Ein österreichischer Bekannter, der schon sehr lange in Kairo lebt, sagte mir später, dass die

Regierung zeitweise Scheichas zur Gesundheits-, Hygiene- und Sexualaufklärung bei Frauen einsetzte.

Die architektonische Weite der Moschee erklärt sich daher, dass sie auf dem ehemaligen Feldlager des Amr Ibn el-As gegründet worden sein soll. Übrigens merkt man auch bei den Anlagen Babylon und Al Fustat, dass der Nil sich weiter westlich verschoben hat. Aus Beschreibungen weiß man, dass Al Fustat ein von den Arabern weiter ausgebauter römischer Hafen war. Und wahrscheinlich legten auch zur Pharaonenzeit Boote hier an. Nun liegt die U-Bahnstrecke vor den Toren, was für heutige Reisende ja gleichfalls ein ziemlicher Luxus ist! Entweder geht man zur Station Mar Girgis zurück, oder aber man spaziert weiter stadteinwärts und biegt vor den hohen Mauern links in die Seitengasse Aly Salih.

Hinter den Mauern verbirgt sich ein europäischer Soldatenfriedhof. An seiner Längsseite kann man durch ein Gitter schauen, das Tor fand ich leider immer geschlossen vor. Die einfachen Kreuze stehen in Spalier. In der Mitte ragt ein Denkmal empor. Die Rasenfläche ist gemäht. Der Friedhof scheint regelmässig gepflegt zu werden.

Vom Ende der Friedhofsmauer ist es nicht mehr weit zur Metrostation Al Malik Al Salih. Diese Gegend gefiel mir übrigens immer sehr. Die Leute hier sind erfreut, Fremde zu sehen. Kinder stellen sich auf, sobald sie meine Kamera erblicken. Die Orangen- oder Feigenverkäufer freuen sich über jeden noch so kleinen Einkauf. „Welcome to Egypt!" ruft eine muntere Frau an einem Moped gelehnt, deren Kind ich fotografierte.

Wenn man nach so einem ausgiebigen Kulturtag hungrig ist, empfiehlt sich ein Fischessen auf einem der Restaurantboote auf Gesira.

Die Restaurantboote am Inselufer sind während des Tages ruhig und kaum besucht, aber abends erwacht hier das Leben. Auf etlichen kommt man ohne entsprechende

Abendgardarobe nicht aufs Deck. Allen voran das Le Pacha. Das Schiff wurde 1901 aufs Wasser gelassen. Die Einrichtung heute ist aus den Zwanziger Jahren. Nobelst wird hier ägyptische, marokkanische oder auch französische Küche verspeist. Natürlich mit den entsprechenden Weinen dazu.

Wollen Sie unter ägyptischen Familien dinieren, ist auch Ihre Reisegardarobe immer eher einfach bestellt, empfehle ich das Schiff „Nil-City". Rechts vom Eingang ist das italienische Restaurant, links liegt das Fischrestaurant. Am Buffet wählt man den Fisch aus, der Koch bespricht dann mit Ihnen, ob er gegrillt oder gebraten werden sollte und empfiehlt Beilagen und Vorspeisen. Während ich wartete, kehrte sich Dämmerung abrupt in Dunkelheit. Es wird früher dunkel hier als in unseren Breiten und es geht viel rascher. Kinder kamen an meinen Tisch und fragten in Schulenglisch „What's your name, please?" und antworteten artig mit „My name is ...", bevor sie kichernd wieder abzogen.

Da es ein Familienrestaurant ist, gibt es eine Kinderspielecke und an diesem Abend war sogar Kinderanimation angesagt. Die Jugendlichen sassen hingegen gelangweilt am Tisch der Erwachsenen und nippten giftgrünes Mirinda oder gelbes Fayrouz. Ersteres ist ein Apfellimonadengetränk. Von derselben Marke gibt es auch eine Orangenlimonade. Fayrouz ist eine Ananaslimonade. Limonaden und Säfte gibt es in Ägypten unzählige. Wahrscheinlich, weil man bei der Hitze viel trinken soll und aufgrund des Alkoholverbots bei konservativ-Gläubigen dennoch der Genuß nicht zu kurz kommen soll. Fast alle kalten Getränke, die ich probierte, waren erstaunlich wenig gezuckert. Das kann man beim Kaffee oder Tee nicht sagen. Kaffee bekommt man normalerweise „siadeh" – stark gezuckert. Nur auf Wunsch kommt er „wasat" – mässig gezuckert oder „arriha" – wenig gezuckert.

Sollten Sie eine Unterkunft in Samalek, dem nördlichen Teil der Nilinsel Gesira bezogenhaben, ist es ein gemütlicher Abendspaziergang vom Restaurantschiff zu Ihrem Zimmer.

Direkt am Nil steht das alt-ehrwürdige Marriott Hotel. Zwei orange Hochhäuser rahmen den Palast aus dem Neunzehnten Jahrhundert ein. Gewagte Architektur, aber sie funktioniert! Erbaut wurde der Gesira Palast zur Eröffnung des Suezkanals im Jahre 1869, um eine kleine Bleibe für die französische Kaiserin Eugénie zu haben...

Die ägyptisch – französischen Suiten, die prunkvollen Stiegenaufgänge und der Salon Royal bestehen heute noch und zeigen mit Gold und Kronleuchtern imperialen Prunk. Unglaublicher Weise sollen die 1250 Zimmer rund ums Jahr ständig ausgebucht sein! Untergebracht werden hier unter anderem Passagiere von Kreuzschiffreisen. Interessierte können das Garden Café in der Parkanlage auch als nicht logierende Hotelgäste besuchen. Oder Sie verziehen sich wie Nicolas in Gronds Roman in die Excelisorbar, um sich Alkohol im elitären Rahmen zu genehmigen.

Deutsche Touristen übernachten gerne im Hotel Longchamps. Die Besitzerin Hebba Bakri war lange Zeit für Lufthansa tätig und spricht perfekt Deutsch. Auf der Terrasse im fünften Stock haben schon so manche Gäste die lauen Nilnächte durchgefeiert. Auf alle Fälle bietet dieses seit 1953 bestehende Hotel in der Ismail Mohamed Straße auf Samalek eine angenehme Rückzugsmöglichkeit im Großstadttrubel sowie während unruhiger Demo-Tage!

Noch eine gute Option gibt es, wenn man Samalek besucht, nämlich den relativ neuen Buchladen der American University an der Hauptstraße von der Brücke des 26. Juli. Er ist hell und geräumig und hat bis Mitternacht geöffnet. In einer Seitenstraße davon findet sich ein Galerienhaus sowie Bistros und Cafés, die an Paris oder auch New York erinnern.

Wenn dann die Trasse der Metrolinie 3 eröffnet hat, wird es eine U-Bahnstation „Samalek“ direkt auf der Hauptstraße geben. Freytag & Berndt hat diese Trasse übrigens schon völlig zuversichtlich in den Kairo – Stadtplan eingezeichnet! Auch von anderer Seite hörte ich, dass das investierende französische Unternehmen eine Fertigstellung des U-Bahnbaus trotz Revolutions-bedingter Unterbrechungen vorantreiben würde. Übrigens Untergrundbahn stimmt nur im Stadtkern und Richtung Norden, den größten Teil der Strecke fährt die Metro oberirdisch.

Mitte September traf der amtierende österreichische Botschafter Thomas Nader mit dem neuen Minister für Planung und Internationale Kooperationen, Herrn Faiza Abou el-Naga zusammen. Die ägyptischen Medien berichteten danach, dass Österreich € 75 Millionen für Gesundheits- und Transportprojekte in Ägypten investieren will. Auch um 1900 arbeiteten Österreicher in der Eisenbahn- und der Gesundheitsverwaltung Ägyptens. Und sehr bekannt war das vom österreichisch – ungarischen Hilfsverein aufgebaute moderne Rudolf-Spital.

Eigentlich kommen ja die Grundkenntnisse der Medizin aus dieser Gegend. Immer wieder genannt wird in diesem Zusammenhang Imhotep, Baumeister, Astrologe, Heiliger und eben auch Mediziner unter Pharao Djoser, etwa 2800 vor Null. Er gliederte die Wissenschaften in der Tempelstadt Ptah in Memphis und schuf damit lange vor den europäischen Universitäten so etwas wie Fakultäten. Er setzte das Diagnoseverfahren bei den Ärzten Ägyptens durch und wies Scharlatane in die Schranken. Er erkannte als Erster, dass die Malaria mit dem Auftreten der Stechmücken während der Überflutungszeit zusammenhing. Die Medizin im antiken Ägypten genoß hohes Ansehen bis weit über die Landesgrenzen hinaus.

Ins Spital bin ich einmal in der alten Gegend „Sayeda Zeinab“. Ich wurde durch ein weitverzweigtes Hofsystem geschleust. Überall sassen Patienten wie Krankenpersonal auf Bänken unter Rosen- und Hibiskuslauben beisammen. Der

Gebäudekomplex selber war weiß-blau gekalkt und strahlte frisch und sauber. Die Anmeldung ging erstaunlich rasch. Dann wartete ich etwa eine halbe Stunde auf einer harten Bank mit viel zu kurzer Sitzfläche. Etliche Türen standen offen, da ganze Familien sich hineindrängten, um dem Angehörigen bei seiner Untersuchung nahe zu sein. Das war das einzig wirklich Befremdliche im al-Munira Spital.

Theodor Bilharz, ein deutscher Arzt, erforschte in Kairo Umland die Wurmkrankheit und konnte sich dabei auf Aufzeichnungen Imhoteps beziehen. Seine Entdeckung von 1851 unserer Zeitrechnung half Bilharziose in Ägypten beinahe vollständig auszumerzen.

Herr Nasr, der ägyptische Arzt, sprach schönstes Englisch, rückte mit ein paar Brocken Deutsch heraus und schwärmte von Deutschland, wo er in München in den Neunzehnsechziger Jahren ein paar Semester studieren durfte. Die Geräte wirkten zwar veraltert, waren dafür aber spiegelblank geputzt! Zum Glück benötigte ich nichts davon. Fuad aber waren hier zwei Finger angenäht worden, die ihm mit einer Glasflasche abgetrennt wurden. Das waren die fürchterlichen End-Mubarak-Tage, als der Mob wütend durch die Straßen zog und zerstörte und plünderte, was er in die Hände bekommen konnte. Fuad war einer der unzähligen Straßenwächter. Nachbarschaften schlossen sich zusammen und beschützten ihre Straße abwechselnd. Damals war er froh, als der Zwischenfall passierte, überhaupt einen Arzt gefunden zu haben, denn es gab so viele schwer Verletzte, dass Ärztemangel herrschte. Generalsekretär Fritz Edlinger läßt seit dem Umsturz über die Österreichisch – Arabische Gesellschaft schwer-verletzte Ägypter zur Behandlung im Wiener Allgemeinen Krankenhaus aus Kairo ausfliegen. Eine wertvolle Unterstützung beim Aufbau des sich neu ordnenden Staates.

Die Gegend „Sayeda Zeinab“ um die Metro Station „Saad Zaghloul“ ist von Alleen durchzogen. Gleich bei der Station, unweit des Spitals, herrscht buntes Marktleben. In der al-

Nubar – Straße finden sich Kaffeehäuser neben Werkstätten. Obwohl rundum Ministerien liegen und im Norden das Parlament steht, hat sich die Gegend ursprünglich und lebhaft gehalten. Eigentlich sollte es eine von der Regierung angeordnete Zwangsräumung im Jahre 1993 geben. Bei den Gebäuden um das Justizministerium etwa sieht man auch, dass es neue Gebäude sind. Im Großen und Ganzen kam Mubaraks Verwaltungsapparat aber bei den Bewohnern nicht durch, die sich gemeinsam mit anderen Stadtteilen erfolgreich gegen die Zwangsräumung des Viertels gewehrt hatten.

In zwei einfachen Lokalen in der Jakob Straße kann man gut und günstig essen. Hat man schon genug Shawarma, Kofta und Kebab gegessen, könnte man Taamiya probieren. Es ist der uns bekannten Falafel ähnlich, wird aber aus Bohnen statt der sonst verwendeten Kichererbsen gemacht.

Namensgebend für diesen Bezirk war eine der Enkelinnen des Propheten, die in der gleichnamigen Moschee begraben sein soll. Allerdings wurde die Moschee erst Jahrhunderte nach ihrem Tod errichtet. Es ist eine Moschee der Shia. Erstmals im Juli 2011 wurde hier ein schiitischer Feiertag öffentlich zelebriert, also mit einem Straßenfest. Obwohl die Shia schon lange in Ägypten zuhause ist, fühlten sich ihre Mitglieder im Mubarak Regime als religiöse Minderheit verfolgt. Die offizielle Politik verdächtigte sie gerne der Packelei mit dem iranischen Regime. Seit dem Umsturz gedenkt man die diplomatischen Beziehungen mit dem Iran, die unter Mubarak auf Eis gelegt wurden, wieder aufzunehmen.

Eine Gegend, in der ich mich oft aufhielt, liegt nördlich der Gleise des Hauptbahnhofs Ramses. Die Statue des Pharaos Ramses des Zweiten wurde in den Neunzehnachtziger Jahren abtransportiert und liegt seither in dem Museum bei der Pyramide Sakkara, wo ihr die Abgase nichts mehr anhaben können. Von diesem Bahnhof gehen alle Verbindungen nach Alexandria, ein lohnender Tagesausflug, nach Luxor, nach

Port Said und Suez ab. Die Busse hinter dem Hauptbahnhof fahren in und um Kairo und zu den nahegelegenen Kleinstädten in der Deltaregion. Die Busse in andere Regionen fahren vom Cairo Gateway ab, der westlich vom Bahnhof liegt.

Die Gegend, die ich meine, heißt Schubra. Hier wohnt die verarmte Mittelschicht, Christen wie Moslems. Es soll der dichtest besiedelte Teil Kairos sein. Kommen Sie in den Abendstunden hier her, drängeln sich alle vor den Geschäften oder sitzen in den überfüllten Kaffeehäusern.

Am einfachsten ist es, wenn man bis zur Metro-Station „Masarra“ fährt. Der Ausgang Masarra führt Sie gleich direkt auf den Ausläufer des Obst- und Gemüsemarkts und auf Nummer 56 Schubra Straße, Ecke Masarra Straße, liegt ein Greisler, den ich Ihnen für Mitbringsel wärmstens empfehle! Sowohl die Gewürze, der offene Malventee wie auch der in Säckchen, die Olivenölseife für das Haar, die Tote-Meer-Salz-Seife für die Dusche, alles, was ich hier erwarb, erfreute einem zuhause.

Stadteinwärts auf der Schubra Straße kommt man am Arbeitslosenamt, an einer Schule, an Mobiltelefongeschäften, einer Tankstelle, mehreren Modegeschäften, Nüsseverkäufern, Tabakwarenhändlern und natürlich an Cafés vorbei. Außerdem kommt man an einem wunderbaren Saftladen vorbei. Diese sind schon durch die Obst- und Lichterdekoration von weit her gut erkennbar. Jener in diesem Abschnitt auf der Schubra Straße ist sehr zu empfehlen. Mein Lieblingsgetränk ist „Thobia“, Kokosmilch. Aber auch der Zuckerrohrsaft, „As-Sir kasseb“ und der Mangosaft, der Erdbeersaft, die Bananenmilch und vieles mehr schmecken köstlich. Gezahlt wird an der Kassa, dann geht man mit der Marke zur Theke. Die langen Zuckerrohre werden rundumgelagert, das Obst ist dekorativ aufgetürmt. Die Fliesen sind blitzblank. Die Herren hinter der Theke tragen Schürze und oft auch Handschuhe. Kleine

Springbrunnen plätschern ununterbrochen und verstärken das Frischegefühl.

Biegt man danach in die belebte Al-Basa – Straße ein, geht entlang von Greislern, christlichen Souvenirläden, einem Optiker, Mobiltelefongeschäften und einer Putzerei, kommt man zur St. Markus Kathedrahle, eine neugotische hohe Fassade in einem schönen Garten. Angeblich wurde die Kirche zur Zeit Napoleons errichtet. Die Pfarrer kommen aus Nigeria, Togo oder Polen. Die Messen finden in Französisch oder Arabisch statt. Links von der Kirche ist ein einfaches Café im Garten, die Ägypter nennen es „Club". Abends ist es voll. Unglaublich, aber noch Kronprinz Rudolf von Österreich berichtet von der Kutschenfahrt zu den „Gärten in Schubra". Und früher noch schrieb Fürst von Pückler: „...ein Lustschloß des Vizekönigs, aber sehr einfach gebaut, dagegen die Gärten herrlichst. Küchen- und Obstbaumplantagen. Griechische Gärtner. Antilopen aus Darfur. Eine halbe Stunde durch Alleen und Feld- und Kleeflur von der Zitadelle Kairo nach Norden." Nun, davon ist heute in dem dichtbesiedelten Gebiet rein gar nichts mehr zu erkennen, bis eben auf diesen fast quadratischen Garten mit der Kirche, einem Kindergarten und einer Schule.

Wenn Sie durch Gegenden wie Schubra spazieren, kann es vorkommen, dass vor Ihren Augen ein Korb von einem Balkon herabgelassen wird. Das ist sozusagen der Ersatzlift! Hat die Hausfrau nicht alles zum Kochen zuhause, kann sie den Greisler rufen und läßt ihm den Korb mit dem Geld hinunter und der Greisler legt der Dame wiederum die gewünschte Ware in den Korb, der dann rasch hinaufgezogen wird. Vor allem in den Morgenstunden ziehen auch Bauern aus Kairos Umland mit Milch, Gemüse und Obst durch die Gassen und preisen die Waren lautstark an.

In den Gärten von Schubra stand auch das schon vorerst erwähnte Rudolf Spital. Bei Samsinger findet sich dazu folgender Eintrag: „Das im Nobelstadtteil Shubra vom Architekturbüro „Moritz Cattaui & Eduard Matasek" errichtete Spital wurde am 5. April 1913 als „Österreichisch-ungarisches Rudolf-Spital“ seiner Bestimmung übergeben. 1915 beschlagnahmten die Briten dieses seinerzeit modernste Spital Kairos mit seinen 84 Krankenbetten, um die zahlreichen Verwundeten der Schlacht bei Gallipoli zu versorgen, die möglicherweise durch Sprenggranaten österreichischer Gebirgshaubitzenbatterien verletzt worden waren. Das Spital durfte seit 1916 von der verbliebenen österreichisch-ungarischen Kolonie mitbenutzt werden. Der großzügigste Spender des Neubaus war Baron Moise Cattaui Bey, seit 1883 Präsident des Hilfsvereins der österreichisch-ungarischen Kolonie.“ Ich habe den Bau, welcher das Spital gewesen war, leider nicht ausfindig machen können.

Zurück auf der Schubra Straße, weiter stadteinwärts ebenso auf der rechten Seite gelegen, kann ich noch einen Imbiß empfehlen. Es handelt sich um ein Sandwich Buffet. Sie können sich aber das Sandwich einpacken lassen, die Straße überqueren und in die ruhige Fußgängerzone eintreten. Dort, an der Ecke zur Al-Bulaqiya Straße steht ein wunderschönes altes Kaffeehaus. Alte und Junge sitzen dort. Schischa-Raucher, Backgammon-Spieler, Domino-Spieler, Zeitungsleser. Von Zeit zu Zeit ziehen Pärchen durch die Reihen und versuchen Parfüm für Mann und Frau zu verkaufen. Es sind zumeist Studenten, die sich auf diese Weise Geld verdienen. Wie erfolgreich sie sind, wieviel ihnen von den nur fünfzehn Pfund pro Parfümflasche bleiben, weiß ich nicht. Das Parfüm oder auch Deodorant wird auf alle Fälle in Ägypten hergestellt und ist keine China – Importware.

Die deutsche KfW-Entwicklungsbank hat den „Fonds Sanad“ eingerichtet, über den 30 Millionen Euro in Kleinkrediten vergeben werden sollen. Kleinkredite für Handwerker und kleine Händler, Leute wie eben in den Vierteln Sayeda Zaineb und Schubra. Die durchschnittliche Kredithöhe soll fünftausend Euro betragen, sehr viel Geld bei einem Durchschnittsmonatslohn von etwa 87 Euro.

Allerdings läuft das Projekt holprig an, da das Darlehenssystem in Ägypten unbekannt ist.

Ich weiß, verehrter Leser, Sie wollen jetzt endlich zu den steinernen Ungetümen geführt werden. „Dieser grandiose Witz aus Quadern“ (Emil Ludwig) steht an der südlichen Grenze der Stadt Gisa oder auch Giseh geschrieben. Durch die Bauwut des letzten Jahrhunderts mit Kairo zusammengeschmolzen, blieb Gisa dennoch eine eigene Verwaltungseinheit. Die Metro verbindet die beiden Städte auf die angenehmste Weise und so kann der interessierte Reisende fast mit der Bahn bis vor die Tore der Pyramiden fahren.

Nehmen Sie die Metro Richtung Gisa und steigen Sie in Gisa Square aus, wechseln Sie in die dort beim linken Seitenausgang, den man über eine Fußgängerbrücke erreicht, bereitstehenden weißen Minibusse. Das ist die rascheste und günstigste Anreise. Ein Pfund für die Metro, ein Pfund für den Minibus. Alternativ kann man den Bus 800 vom Tahrir Platz aus nehmen oder natürlich ein Taxi.

Die Straßen werden hier immer staubiger. Im Winter, wenn der Wind über die Wüste bläst, kann es schon vorkommen, dass Sandsturm-artige Böen die Fußgänger in Gisas Straßen quälen. Sonnenbrillen gegen den Staub und den Sand sind auf alle Fälle ein angenehmes Accessoire.

Was die Besucherin jedenfalls zusätzlich braucht, sind gute Nerven. Schon Mark Twain, der 1868 die Pyramiden mit Eseln aufsuchte, war extrem genervt von den „Dragomanen“, den traditionellen Reiseführern, die in Ägypten bei jeder Tourismusattraktion lauern.

Jene bei den Pyramiden fand ich sehr lästig. Wenn ich dann noch daran dachte, dass sie es waren, die rücktsichtlos, unsolidarisch, brutalst ihre Kamele und Pferde gegen die Demonstranten am Tahrir-Platz ritten und Mubarak Gefolgschaft zollten, zischte ich sie nur mehr unwirsch an, sodass selbst jene, die Deutsch beherrschten, zumindest mal eine Minute lang sprachlos waren.

Schon der schottische Reisende William Lithgow erzählte von den rauhen Beduinen in der Pyramidengegend, unter denen damals noch viele Grabräuber waren.

Als ich das erste Mal auf dem Weg in den Süden an den Pyramiden vorbeifuhr, gruselte mir vor diesen unheimlich mächtigen Mauern. Hinein bin ich nie gegangen, weil es enge muffige Gänge sein sollen, die doch nur ins Leere führen, da das, was man noch drinnen gefunden hatte, heute im Ägyptischen Museum steht. Den Fledermausdreck, über den Flaubert beim Eintritt noch schlitterte, gibt es zwar nicht mehr, aber den Gang, der laut Flaubert einem Abwasserkanal gleicht, gibt es schon noch.

Geht man nicht ins Innere, bezahlt man mit sechzig Pfund nur den Eintritt zum Plateau, also das Gelände rund um die Pyramiden. Hier kann man dann herumstapfen oder auf einem Kamel oder auf einem Esel reiten.

„Die Faszination, die allein schon von der Größe der Bauwerke ausgeht“ schreibt Malise Ruthven, „steigert sich zu andächtigen Staunen, wenn man die majestätische Gruppe königlicher Gräber aus einer unendlichen Zahl von verschiedenen Perspektiven immer wieder anders sieht.“ Nächtens wird die „Sound and Light Show“ vorgeführt. Es gibt sie in unzähligen Sprachen, auch auf Deutsch. Den Text schrieb Gaston Bonheur. Seit den frühen Sechziger Jahren wird das Schauspiel aufgeführt.

Übrigens heißt die größte Zeitung, die traditionell der Regierung nahe steht, „die Pyramiden“ und sie trägt diese auch im Logo. *Al-Ahram* erhält man übrigens nicht nur in Arabisch sondern genauso auf Englisch und Französisch.

Es sollen noch rund achtzig Pyramiden in Ägypten erhalten sein. Interessant finde ich neben der Stufenpyramide von Sakkara, die ältere von Daschur, die sogenannte Knickpyramide. Entweder hat sich der Bauingenieur irgendwie verrechnet, sodaß das Bauwerk eben nicht auf den Spitz zusammenläuft, sondern oben seltsam gekrümmt ist. Oder aber, was der deutsche Architekt Kurt Mendelssohn bei seinen Forschungen feststellte: der Konstrukteur wollte vermeiden, was etwa achtzig Jahre vorher passierte. Gemeint ist der Abrutsch der Seitenwände bei der Pyramide von Meydum. Es gilt als größte Architekturkatastrophe der Antike. Ich finde diese Pyramide aber vom konstruktiv-technischen Blickwinkel her sehr interessant, da sie durch die abgerutschten Seiten, den Aufbau erahnen läßt. Dennoch, das Abrutschen der Seitenwände mußte in seinen Dimensionen so tragisch gewesen sein, dass die Bauingenieure sich erst über hundert Jahre später wieder an den fast zweiundfünfzig Grad Winkel heranwagten: das war dann die Cheops-Pyramide, die höchste am Stadtrand von Gisa. Material fand sich durch die Libysche Steinwüste etliches in der nahen Gegend.

Der Autodidakt Prof. Oskar M. Riedl hat in jahrelanger Recherche nachzuvollziehen versucht, wie die anfangs „nur" dreihundert Kilo schweren bis schließlich zwei Tonnen schweren Steine überhaupt befördert worden waren und in so gewaltige Höhen gehievt wurden. Andere schreiben, daß die Arbeiter zwischen den Ernten zu Scharren eingesetzt wurden und der Pyramidenbau mit Manneskraft auch mit dem einen oder anderen Todesfall bei Arbeitsunfällen bewältigt wurde. Wie auch immer, es bleibt ein Rätsel der Archäologie.

Der Künstler Joachim Eckl errichtete 2009 eine Eispyramide in der Nähe der Oase Fayoum. Die Eiskuben wurden aus fünfundzwanzigtausend (!) Liter Nilwasser geformt. Was sich die Ägypter wohl dachten, als sie die Rieseneisskulptur in der Wüste einfach dahin schmelzen sahen, während es in der Landwirtschaft immer wieder an Wasser mangelt?

Apropo Architektur, Konstruktion! Der dänische Gelehrte Carsten Niebuhr, der an der königlichen Expedition durch die Arabische Welt von 1761 – 1767 teilnahm, legte nicht nur einen äußerst genauen Stadtplan von Kairo an, sondern nahm auch Messungen an den Pyramiden vor. Seine Angaben über die Höhe der Pyramiden waren äußerst exakt und weichen von modernen Messungen mit weniger als einem halben Prozent ab! Er hätte gerne weitere Vermessungen in der Umgebung vorgenommen, fühlte sich aber bedroht und unwohl in der Wüste. Das hatte vielleicht damit zu tun, dass er in Alexandria mit seinen Vermessungen fast einen Aufstand provozierte: ein türkischer Kaufmann, der sich höchst interessiert zeigte, war bestürzt, als er einen Turm durch ein Fernglas „umgekehrt erblickte. Dieß gab Gelegenheit zu einem Gerüchte, daß ich nach Alexandrien gekommen wäre um die ganze Stadt über den Haufen zu werfen.“(Carsten Niebuhr)

Niebuhr brachte nicht nur Zeichnungen, Karten und Berichte mit nach Europa, sondern er brachte auch die bis dato lesbarsten Kopien der Hieroglypheninschriften mit. Zwei Jahre verbrachte er in Kairo.

Goethe soll, als er später die Aufzeichnungen sah, von der Kühnheit der Bauten fasziniert gewesen sein. Melville, der literarische Vater des „Moby Dick“, soll gemeint haben, dass neben den Pyramiden die gesamte moderne Archiektur wie Zuckerbäckerwerk aussehen würde.

Die oder der Sphinx: „Am Boden im Sand hockend, rauchen wir eine Pfeife und betrachten ihn. Seine Augen wirken noch voller Leben, die linke Seite ist vom Vogelkot geweißt ... sein Kopf ist grau, sehr große Ohren, abstehend wie bei einem Neger, sein Hals verwittert und geschrumpft ... die fehlende Nase verstärkt noch die Ähnlichkeit, da er dadurch plattnasig wirkt. Im übrigen muß es sich um einen Äthiopier gehandelt haben; die Lippen sind dick.“

An einen Äthiopier habe ich nicht gedacht so wie Flaubert es tat, als ich die große ruhende Skulptur betrachtete. Eher schließe ich mich da Polkehns Gedanken an: „Die Sphinx – wir pflegen sie gemeinhin mit dem weiblichen Artikel zu bezeichnen, obschon ihr Geschlecht eher das Männliche zu sein scheint gehört zur Familie jener Fabelwesen, halb Mensch, halb Tier, die wie die Zentauren Griechenlands die Antike bevölkern."

Mark Twain berichtete nicht nur, wie die schwitzenden Touristen auf den Gipfel der Pyramiden hinaufgehieft wurden, sondern auch wie Touristen auf der Sphinx hockend Andenkensteinchen herausklopften. Heute ist zum Glück beides verboten.

Scheut man nicht, den Geldbeutel mal ordentlich zu schmälern, dann kann man sich zum Ausruhen ins Café im Hotel Mena Oberroi begeben, das versteckt hinter einer Mauer, unweit der Pyramiden, umgeben von einem englischen Rasen steht. Ein schmuckes Palästchen. Heute ein Hotel der oberen Spitzenklasse.

In Giza hat auch der Vater des World-Trade-Tower-Todespiloten von 9/11 seine Anwaltskanzlei. Als Hugh Miles ihn aufsuchte, war er nicht mehr für Gespräche bereit, denn außer CNN und BBC hatten auch sonst schon alle möglichen Medienleute bei ihm angeläutet. Näheres können Sie in seinem Buch nachlesen. Im CNN Interview hieß er die Aktion seines Sohnes jedenfalls für gut. Wael El Semary, Redakteur der ägyptischen Tageszeitung Al-Masry Al-Youm, schrieb 2011 in einem interessanten Artikel in der deutschen Wochenzeitung „Der Freitag" zur Entwicklung des Islamismus in Ägypten: „Die Islamisten änderten also ihre Strategie und traten nicht mehr als Angreifer des Westens auf, wie noch am 11. September 2001, sondern als Verteidiger des Islam. Das brachte ihnen bei der ägyptischen Bevölkerung viele Sympathien ein, nachdem sie mit dem

Mubarak-Regime eine Art Geschäftsvereinbarung getroffen hatten: Sie lassen ihm die Macht – er überläßt ihnen die Straße." Als die 25. Jänner Bewegung mit einer ersten großen Demonstration die Revolution in Ägypten einleitete, fehlten die Islamisten. Sie trauten der Linken und den Intellektuellen nicht, wollten nicht mit der Facebook Generation auf der Straße stehen. Erst als es danach aussah, dass sich die Demonstrationen zu einer großen Geschichte entwickeln könnten, mobilisierten sie ihre Leute. Ab Freitag, 28. Jänner 2011, waren sie nach dem Freitagsgebet in der Moschee mit dabei. Inzwischen haben sich die meisten von ihnen wieder von der Ursprungsbewegung gelöst, ein großer Teil ist zur Zusammenarbeit mit dem Militärrat bereit. Zu groß ist die Sehnsucht endlich an die Macht zu kommen, nachdem viele von ihnen jahrelang im Gefängnis waren oder überwacht wurden. Mohamad Aburous schrieb schon im Sommer 2011: „Klare Differenzen zwischen den linken, islamischen und liberalen Kräften in der sozialen Frage sowie in der Haltung zum alten Regime sind deutlich geworden."

Die Bandbreite der Islamisten ist groß. Langthaler schreibt etwa zu Magdi Hussein von der Islamischen Arbeiterpartei: „Von der Linken kommend, hatte sich seine Partei bereits vor Jahrzehnten in das Milieu der Moslembruderschaft begeben." Ich selber traf vor allem auf junge arbeitslose Ägypter, die sich von der Moslembruderschaft die erhoffte Veränderung für Ägypten wünschen. Was das genau sein soll, konnten sie mir nicht beantworten. Wie viel Islam in der Politik stecken sollte, darüber gehen die Meinungen weit auseinander.

Ägypten hat schon in früheren Geschichtsphasen Zeiten des religiösen Fanatismus und des Konservatismus erlebt. Pharao Tutench-Amon etwa führte in seiner Amtszeit die Anbetung der Sonnenscheibe ein. Die Abbasiden und später die Mameluken verboten Alkohol und den Sufismus. Alle konnten sich weder richtig durchsetzen noch sich lange halten. So konnten auch etwa die meisten Ägypter mit dem

Ruf „Hör zu, hör zu, Obama, wir alle gehören zum Heer von Osama“ einiger Islamisten am Tahrir Platz im Sommer 2011 nicht nur nichts anfangen, sondern es bereitete ihnen Unbehagen.

Es scheint mir, als wüßten die Führungskräfte der von der Moslembruderschaft gegründeten Freiheits- und Gerechtigkeitspartei, die sehr wahrscheinlich in Zukunft die Geschicke des Landes leiten wird, das alles genauso.

Der Schriftsteller Machfus schickt in seinen Romanen die Liebenden gerne zu den Pyramiden hinaus. Da bleiben dann die einen Romanfiguren im geparkten Auto sitzen und die anderen besuchen das „Rasthaus bei den Pyramiden“. Es gibt auch heute für den Besucher Buffets, um in der Sonne Tee oder Kaffee zu trinken. Vielleicht meinte Machfus auch das Häuschen, das im Neunzehnten Jahrhundert für die Archäologen gebaut worden war. Kann sein, dass es zwischendurch eine Gaststätte gewesen ist. Heute fällt es kaum mehr auf.

Ist man abends bei den Pyramiden und hat die „Sound and Light Show“ gehört und gesehen, könnte man noch in einen der zahlreichen Clubs und Bars auf der Ausfahrtsstraße Gisa, zwischen der Universität und den Pyramiden gehen. Es gibt hier auch zahlreiche moderne Hotels, da das Messegelände in der Nähe liegt.

Sollten Sie in einer von Ägyptern aufgesuchten Diskothek landen, wundern Sie sich nicht, wenn Sie Haschischrauch in der Luft wahrnehmen. Offiziell wurde der Haschischkonsum 1952 verboten und natürlich wettern auch die Islamisten dagegen, obgleich Haschisch zu Zeiten des Propheten in der Arabischen Welt nicht bekannt war und sich keine Passage dazu im Koran findet.

Haschisch-Rauchen war schon seit Urzeiten in der bäuerlichen Gesellschaft Ägyptens stark verankert und kam mit der Landflucht im ausgehenden Neunzehnten Jahrhundert vermehrt nach Kairo. Die einstigen

Haschischkaffeehäuser, *salon* genannt, wurden alle längst geschlossen. Dort wurde das Haschisch in eigens dafür genützte Wasserpfeifen über die glühende Kohle gelegt und nicht über einen Plastikschlauch sondern über eigens geschnitzte Bambusrohre mit tönernen Mundstück eingesogen.

Heute rauchen es weniger die Alten als viel mehr junge Erwachsene, zu Joints gedreht , zuhause, bei Freunden und in den dunklen Clubs, wo die Besitzer beide Augen und vor allem die Nase zuhalten können, sprich: so tun, als wüßten sie von nichts! Manchmal riecht man den Haschischrauch auch bei Spaziergängen entlang des Nils. Alkohol ist teuer und auch nicht so einfach zu bekommen für junge Leute. Haschisch-rauchen ist trotz Verbot vor allem in der verarmten Mittelschicht weit verbreitet und ein beliebtes Feierabendritual.

Noch etwas beobachten Sie vielleicht in diesen Diskotheken. Frauen, die ganz verhüllt hereinkommen und komplett verändert aus den Toiletten herauskommen. Eine von ihnen forderte mich an einem Abend zum Tanzen auf, nachdem sie bei meiner Tischgesellschaft fragte, ob sie das dürfe. Nach dem Tanzen wurde ich an ihren Tisch eingeladen und so erfuhr ich, was ich schon zuvor gelesen hatte.

Da Geschlechtsverkehr vor der Ehe verboten ist und sich auch sonst sehr wenige Gelegenheiten für junge Ägypter zum Austausch mit dem weiblichen Geschlecht im Alltag ergeben, scheinen sie also auf Prostitution angewiesen. Etliche Prostituierte sind, so wie an diesem Tisch auch, Studentinnen, die sich Geld für das Studium verdienen müssen. Deshalb lassen sie sich gegen Bezahlung im Dunkeln die Brüste abtatschen und in die Unterhose langen. Wichig ist dabei nur, das Jungfernhäutchen nicht zu verletzen. „We want to marry, you understand?“ Meine Verwirrung konnten sie nicht verstehen. Richtig eklig finden sie hingegen, was wir in Europa machen: mit Jungs, die uns danach vielleicht nie heiraten, in der Öffentlichkeit herumrennen, sich umsonst abknutschen zu lassen und wahrscheinlich auch noch das Bett vor der Ehe teilen, pfui Teufel! Hier in Ägypten müssen die Männer zahlen – vor der Ehe mit Scheinen, in der Ehe mit Gewand, Ausflügen, Möbeln und natürlich Schmuck.

Ich bedankte mich für den freundlichen Austausch zur Emanzipation aus ägyptischer Sicht und wankte trunken von neuen Erkenntnissen an meinen Tisch zurück.

Hat man den Tag mit der größten Tourismusattraktion Ägyptens, den Pyramiden, begonnen, möchte man ihn vielleicht mit einer der größten Attratkionen des Orients weiterbestreiten: also dann, auf in den Basar! Oder Souk, wie die Araber sagen.

Die Gässchen des El-Khalili – Basars wurden schon sehr oft abgebildet. Die U-Bahn-Linie drei, die auch dort eine Haltestelle haben wird, ist leider noch nicht fertiggestellt, man muß auf ein Taxi zurückgreifen.

Östlich des ehemaligen Stadtkanals (heute verläuft dort die Port Said Straße) erstreckt sich die Stadt, die die Fatimiden im Elften Jahrhundert errichten ließen. Von der Stadtmauer, die sie aufzogen, sind die Nordtore el-Futuh und el-Nasr sowie das Südtor Suweila erhalten geblieben. Tor heißt im Arabischen „Bab". Zwischen diesen Toren befindet sich ein großes Basarviertel. Der östlich gelegene Basar Khan El-Khalili ist der bekannteste Teil davon. Dieser Teil war unter den Fatimiden nur vom Hof genützt worden und wurde erst unter Salah ad-Din, besser bekannt unter Saladin (dem Kämpfer gegen die europäischen Kreuzfahrer), geöffnet.

Das Taxi bringt einem wahrscheinlich zum Parkplatz vor der Saijidna El-Hussein Moschee. Sie wurde im neugotischen Stil zu Ehren des Prophetenenkels 1792 errichtet, vermutlich über einem älteren Gotteshaus. Im Jahre sechshunderteinundachtzig nach Null wurde Hussein auf der Rückkehr nach Kufa im heutigen Irak in der Schlacht von

Kerbala, auch Massaker von Kerbala genannt, getötet. Es ist angeblich sein Haupt, das da in der Moschee ruht.

Diese Schlacht markiert die Spaltung der islamischen Gemeinschaft in das Shiitentum und Sunnitentum. Das Kalifat der Fatimiden eroberte Nordafrika im zehnten Jahrhundert nach Null. Sie gehörten der „Siebener Shia" oder auch Ismailya genannten schiitischen Richtung an.

Kairo blühte unter ihrer Herrschaft auf. Nach Babylon und Fustat war *al-Qahira*, die nächst nördlichere Stadtgründung. Italienische Kaufleute sollen den Namen so ausgesprochen haben, daß eben Kairo oder Cairo oder Caire daraus wurde. Die Fatimiden gründeten die Universität al-Ahzar, widmeten sich aber auch dem Handel und Handwerk. Seefahrt und Handelswege über Land bis nach China und Indien brachten nicht nur edelste Stoffe, Kaffee, Tee und feine Gewürze ins Land sondern auch neue wissenschaftliche Erkenntnisse. Bezüglich des Glaubens gehen allerdings viele Wissenschaftler heute davon aus, dass die schiitische Glaubensrichtung im Volk nie wirklich verankert werden konnte, weshalb die spätere Eroberung der sunnitisch ausgerichteten Osmanen in der Bevölkerung zu keinen größeren Umbrüchen führte. Schiitische Gläubige scheinen demnach schon immer eine Minderheit in Ägypten dargestellt zu haben. Die Hussein-Moschee hier am Basar könnte ursprünglich für die vielen persischen Händler errichtet worden sein, die in der Fatimidenzeit in diesem Basarviertel ihre Unterstände hatten.

Hinter der Moschee befindet sich übrigens der Laden eines der letzten Fußbügler der Stadt. Sie gehörten einer eigenen Zunft an und sollen mehrere Gassen gefüllt haben. Die Hand sozusagen steuert das 15kg schwere Bügeleisen, aber geführt wird es mit einem Bein, denn der Bügler steht praktisch über einen Fuß eingehakt auf dem Eisen. Sehr beschwerlich sieht das aus und es wundert mich nicht, dass keine Lehrburschen für dieses Handwerk zu finden sind. Obendrein ist die Kundschaft durch die Elektrisierung der Haushalte immer mehr ausgefallen. Putzereien, *drycleaner,* gibt es hingegen etliche in allen Stadtvierteln.

„Wer einmal in einem Basar war, kehrt immer wieder zurück." meint Gisela Bonn, „Besonders, wenn er gehandelt und schließlich gekauft hat. Die verschwiegenen Bogengänge, die dämmernden Verließe mit Gobelings, Brokaten und Teppichen sind wie ein verbotenes Opiat. Hier weht neben dem Duft von Rosen und Mandelölen der Hauch alchimistischer Geheimnisse, die zärtlich angestaubte Luft von Jahrhunderten."

Zu Bonns Besuch stammten wohl noch alle Produkte aus Ägypten und wurden großteils gleich in den Werkstätten des Basars erzeugt. Heute muß der Besucher genau schauen, denn fast alles schon ist Importware aus China. Kronprinz Rudolf von Österreich meinte ganz diplomatisch bezüglich seines Wegs durch das Basarviertel im Jahre 1881: „Ein genaues Studium und viel Raum, eine specielle Arbeit würde es erfordern, diese Eindrücke richtig und ausführlich zu schildern, daher kann ich mich an dieser Stelle nur auf die Wiedergabe der Hauptmomente, die mich am meisten fesselten, beschränken." Und weiter beschreibt er seinen Spaziergang: „Die Gassen sind eng, an manchen Stellen der Sonne wegen mit Strohmatten oder Teppichen überhängt. Die Häuser selbst aus grauem Lehm erbaut, mit den reizenden Erkern, den vergitterten Haremsfenstern und all' den Schnörkeln und Verzierungen der arabischen Baukunst, bieten den Anblick eines wilden Durcheinander; nichts ist symmetrisch, doch alles malerisch, auch der Verfall, der oft hervortretende ruinenhafte Anstrich, hat hier seine Berechtigung, verleiht dem Bilde den Typus der Echtheit des vollen morgenländischen Charakters."

Interessanter Weise berichtete der schottische Reisende William Lithgow ähnliches als er Mitte des siebzehnten Jahrhunderts in Kairo weilte. „Die Straßen sind schmal und zum Schutz vor der Sonne fast alle überdacht, mit regelmäßigen Öffnungen, damit Licht hereinfällt." Obwohl Ägypten aufgrund der Umrundung Afrikas durch die europäischen Seeleute zu der Zeit schon viel an Handel eingebüßt hatte (und mit dem Niedergang des Hafens Alexandria ist auch der Niedergang der venezianischen Schifffahrt zu verzeichnen), konstatierte er: „Kairo ist ein großes Handelszentrum, in dem unzählige Menschen aus aller Herren Länder zusammenkommen. Das Umland ist reich an Seide, Weizen, Obst, Wachs, Honig und einem einzigartigen Balsam, der als Allheimittel verwendet wird, sowie zahlreichen anderen Handelsgütern, darunter Baumwolle, kostbares Gold- und Silbertuch und die beste Qualität an Satin, Damast, Taft und Grobseide, die man auf der Welt finden kann."

Übrigens, die Enge und Kleinstruktur des Viertels gehen auf Saladin zurück, der innerhalb der strenggezogenen Achsen Neubauten für jene aus dem verfallenen Fustat umgesiedelten neuen Bewohner errichten ließ. Vielleicht orientiert man sich am leichtesten an der von Saladin erhaltenen Achse, die Muskistraße, auch Gohar al-Kait-Straße genannt, die sozusagen das Rückgrat des Basarviertels bildet.

Das Basarviertel und auch der berühmte El-Khalili genannte Teil verfiel im Neunzehnten Jahrhundert, als die schon früher erwähnten Khediven das Viertel Bulaq als neues Basarviertel ausbauten. Es war praktisch, denn Bulaq liegt am Nil und noch bis in die Mitte des Zwanzigsten Jahrhunderts befand sich hier ein Hafen, sodass die Großhändler direkt von den Schiffen weg ihre Ware weiterverkaufen konnten.

Später verlagerte sich der Markt nach Rod el-Farag, wo auch nach wie vor der Getreidespeicher steht. Bei Gertel kann man nachlesen, dass in den neunzehnneunziger Jahren ein Kleinkrieg zwischen Händlern und der Mubarak-Regierung stattfand. Bis zum Schluß haben Mubaraks Behörden es nicht geschafft, den Obst- und Gemüsemarkt in Rod el-Farag komplett ab- und umzusiedeln. Umsiedeln wollten sie die Händler in eines von der Regierung neu gebauten Marktgeländes in einer der Satellitenstädte, die im Zwanzigsten Jahrhundert nur so aus dem Boden schossen.

Ein kleiner Obst- und Gemüsemarkt besteht auch weiterhin in Bulaq. Er beginnt hinter dem Orabi Platz. Ganz in der Nähe des postmodernen Baus, in dem der Verfassungsgerichtshof untergebracht ist. Sollten Sie in den Vormittagsstunden in diese Gegend kommen, genießen Sie das Markttreiben! Als es mir langte, ging ich in das dunkel gehaltene Café-Restaurant im 1. Stock des Grand Hotels. Durch die bunten Glasscheiben konnte ich jetzt das Geschäftsleben gemütlich bei einem Kaffee beobachten.

Das monumentale Gebäude des Verfassungsgerichtshofs ist vom ägyptischen Architekten Ahmed Mito entworfen worden. Er wollte mit der Symbolik an die Pharaonenzeit anküpfen. So sollen die vierzehn Säulen, die im Altertum gebräuchlichen vierzehn Säulen der Weisheit symbolisieren.

Der Orabi-Platz ist nach einem der ersten Aufständischen gegen die europäischen Kolonialmächte im Neunzehnten Jahrhundert benannt. Orabi oder auch Urabi und Arabi geschrieben war Kriegsminister unter Khedive Taufiq, einem Nachfolger des Reformers Muhamed Alis. Orabi Bey sammelte die national gesinnten Kräfte um sich und wagte den bewaffneten Aufstand. Die britischen und französischen Truppen trafen offiziell zum Schutz der Europäer ein, tatsächlich blieben sie im Land und Orabi wurde nach Ceylon, dem heutigen Sri Lanka, verbannt.

In der Bevölkerung wird das Gedenken an Orabi hochgehalten. Im Militärmuseum auf der Zitadelle ist seiner Revolution ein Raum gewidmet. Aufgrund dieser Geschichte und folgend der Revolution der Freien Offiziere 1952 hat das ägyptische Volk auch Vertrauen in seine Armee - auch wenn Offiziere dieses inzwischen erschüttert haben und andererseits Offiziere unter Militärgericht verurteilt wurden, weil sie am Tahrir-Platz die Anliegen des Volkes verteidigten.

Geht man vom Orabi-Platz die Sharia Talaat Harb oder die Sharia Dariat Richtung Downtown, findet man auf halber Höhe in der Parallellstrasse Sharif 44 die Buchhandlung Lehnert & Landrock, von Edouard Lambelet & Company. Das ist eine alteingesessene Schweizer Institution, die seit dem Jahre 1904 bis zum heutigen Tage deutschsprachige Literatur in Kairo vertreibt. Daneben auch französische und englische. Außerdem erhält man hier Reprints hübscher Postkarten mit Ansichten Ägyptens vor etwa hundert Jahren. Leider sprachen die Angestellten hinter der Budel kein Deutsch. Es gibt eine Filiale von Lehnert & Landrock im Nile Hilton am Tahrir Platz.

Den Lesern am bekanntesten unter den ägyptischen Autoren ist wohl der Nobelpreisträger Nagib Machfus. Er wurde 1911 in Kairo geboren und lebte fortan dort. Nach seinem Philosophiestudium arbeitete er in der Universitätsverwaltung, weiters im Ministerium für religiöse Stiftungen, dann im Kunstdepartement des Ministeriums und schließlich wurde er 1966 Direktor der staatlichen ägyptischen Filmgesellschaft. Machfus profitierte von der aufstrebenden intellektuellen Gesellschaftsschicht, die sich in Ägypten unter Nasser enorm entwickelte. Die Themen der Intellektuellen im Ägypten der neunzehnsechziger und neunzehnsiebziger Jahre waren diesselben wie jene der deutschsprachigen, wie jener der Franzosen und der Briten. Die säkulare Lebensform, die Gleichstellung der Frau, die Bildung für die Unterschichten, die Israel – Palästina – Kriege, die Kolonialkriege, der Korea-Krieg, später der Vietnamkrieg, der Kalte Krieg – alles, was in europäischen Studentencafés zu dieser Zeit diskutiert wurde, wurde ebenso in Kairo diskutiert. Europa und Ägypten, Europa und die Arabische Welt waren so nah beieinander, wie sie jetzt voneinander entfernt sind.

Es gab studentische Besuchsdelegationen aus dem Westen und Einladungen von ägyptischen Intellektuellen an die westlichen Universitäten. Studentenvisa für Ägypter wurden großzügig sowohl von West – wie Ostdeutschland vergeben, auch nach Österreich kamen neben palästinensischen Studenten etliche Ägypter. Sicherlich mussten auch sie Formulare ausfüllen, aber die Auflagen waren um ein vieles milder als heute. Ich sprach mit einem der Glücklichen. „Österreich! Herrlich!" rief er aus. In Deutschland habe er studiert und seine Ausflüge nach Salzburg, Linz, Wien und Innsbruck seien ihm in bester Erinnerung. Freundliche Leute hätte er überall in Europa getroffen und so schöne Landschaften gesehen. Nach seinem Studium kehrte er wie fast alle seine Landsleute nach Ägypten zurück, nach Deutschland oder Österreich kommt er wegen der Visaschwierigkeiten gar nicht mehr.

Man kann sagen, damals haben Europäer nachhaltige Entwicklungshilfe für Ägypten geleistet und heute, wo das Wort Nachhaltigkeit ständig an den unmöglichsten Stellen angewandt wird, findet es sich in der Praxis kaum wieder. Wer heute als Ägypter Europa besuchen möchte, hat kaum Chancen das legal zu tun. Eigentlich nur Personen der bestverdienendsten Oberschicht, aber diese Studenten oder Touristen gehen heute in die USA oder nach Australien zum Studieren und pfeifen auf Europa. Schade. Wir sind ja doch nur durch das Mittelmeer voneinander getrennt, schon pharaonische Schiffe legten an Europas Küsten an, wie spektakuläre Funde zeigen. Ist die Geographie auch gleich geblieben, eine intolerante Haltung und zu wenige Kenntnisse voneinander trennen uns heute von unseren Levanthenachbarn.

Schauen wir zurück zur Zeit Nagib Machfus und der Intellektuellentreffs im Kairo unter Naguibs und Nassers Regierungszeit. Machfus sass mit Vorliebe im Café Fishawy mit seinen Freunden und Kollegen zusammen. Es liegt am Beginn des Basarviertels, links von der Al-Ahzar – Moschee. Durch Machfus und die Figuren seiner Romane, die auch mal das Fishawy aufsuchten, wurde es bekannt. Auch wenn es mittlerweile als Treffpunkt diskutierender Intellektueller ausgedient hat, ist es dennoch einen Abstecher wert. Schon alleine wegen seiner Einrichtung!

Dunkles Holz, viele Spiegel und schmiedeeiserne Lampen hängen im Raum. Kellner sind zahlreich. Nicht nur einmal wird man gefragt nach Leib und Wohl. Kaffee in allen Varianten wird angeboten. Das Ananas – Limonadengetränk Fayrouz gibt es nicht, dafür Mirinda – Orange. Schwarzer Tee wird mit einem Blatt Minze oder *Nana* serviert. *(Sie sollten aber auf alle Fälle Jaja zu Nana sagen, aber wahrscheinlich irritiert das sowieso nur die Ostösterreicher!)*

Die Lautstärke ist entsprechend hoch im Lokal, erstens, weil es sich zum Markt hin öffnet und zweitens, weil im Lokal die Gäste plaudern, streiten, diskutieren, die Kellner herumalbern, Bestellungen aufnehmen und servieren und drittens, weil Verkäufer auch ins Café kommen! Ein Abend im Fishawy ist beste Unterhaltung, aber sicherlich der falsche Ort, zu lesen oder in Ruhe zu träumen.

Kommt man vor einer Runde durch den Basar – oder Souk, wie es im Arabischen heißt - ins Fishawy, hat man den Vorteil sich einstimmen zu können auf das Treiben und das Feilschen am Markt. Die junge Ägypterin am Nebentisch ist ungewöhnlich freizügig angezogen. Heftigst diskutiert sie mit ihrer männlichen Begleitung und sieht das Kind, das ihr Holzperlenketten unter die Nase hält nicht. Als nächstes bin ich dran. Den ersten Kindern kaufe ich Ketten, Holzspielzeug und Faynuz, kleine Ramadan – Lampen, ab. Schließlich ist unser Tisch mit allem Aufgebot der fliegenden Händler übersäht und Kamil ruft: „Jetzt ist es aber genug!“. Dennoch macht sich der nächste Junge an unseren Tisch heran und versucht eine Steinkette zu verkaufen. „Nur 5 Pfund!“ ruft er ernst aus. „Was?“ meint Kamil und hält ihm eine detailreichere Steinkette unter die Nase. „Das habe ich von deinem Kollegen um 2 Pfund gekauft!“ Interessiert sieht sich der Junge die andere Kette an, nickt anerkennend, sagt „Gutes Geschäft“ und zieht weiter.

Eigentlich tat er mir leid und ich hätte ihm gern auch seine einfachere Kette abgekauft, aber das hätte wohl nur seinen Stolz verletzt. Denn klein aber oho! – diese Kinder lernen sozusagen Marketing, Vertriebssystem und Verkaufsschmähs recht rasch und werden auch deshalb von ihren Familien schon früh zur Erwerbsarbeit angehalten.

Natürlich hat auch Ägypten die Genfer Menschenrechtskonvention unterschrieben, außerdem gibt es auch die Islamische Menschenrechtskonvention, die sogar in Kairo entstand, dennoch als zu verurteilende Kinderarbeit sieht das hier niemand an. Die Kleinen tragen zum Überleben ihrer Familien bei – basta!

Eine junge Frau, von Kopf bis Fuß in Schwarz gehüllt, drängt sich an unseren Tisch. Sie erklärt Kamil, dass sie mich küssen möchte, was dann auch geschieht. Sie fragt mich nach meinem Namen und als nächstes gleich, wieviele Kinder ich habe. Sie verkauft Holzperlenketten. Unser Tisch ist aber schon prall gefüllt. Da fällt mir die glorreiche Idee ein, dass ich mich mit ihr fotografieren lassen kann. Der Vorschlag kommt sehr gut bei ihr an. Also, gesagt, getan. Sie küßt mich noch einmal herzlich auf die Wange, sagte „Danke". Ich denke mir verschämt, danke wofür? Kamil zeigt ihr am Display die Fotos. Sie nickt stolz, wünscht uns einen schönen Abend und dreht weiter ihre Verkaufsschleife durch das Lokal. Bevor sie es verläßt, wirft sie mir noch eine Kußhand zu.

An diesem Abend sehe ich aus dem Taxifenster, je näher wir Downtown kommen, riesige schwarze Kastenwägen mit kleinen vergitterten Fenstern. Es ist ganz klar, was das heißt: es findet eine Demonstration statt und wie zu Mubaraks Zeiten rüsten sich die Sicherheitskräfte für die Gefangenen, die sie gedenken zu machen. Der Taxifahrer bittet, „Nein, nicht!", als er bemerkt, daß ich heimlich versuche zu fotografieren. Es ist verboten Militärangehörige, Kasernen und ähnliche Objekte zu fotografieren.

Wir biegen Richtung Schubra, gen Norden hin, ab. Der Verkehrsstau hat wieder einmal seinen Höhepunkt erreicht. Der Taxifahrer sucht nach einem Sender, der Nachrichten bringt. Kamil unterhält sich mit dem Fahrer im Nachbarauto, was auf dem Tahrirplatz los sein kann. Alle bleiben ruhig, dennoch da und dort entwischt ein Fluch, ist eine Faust geballt.

Auf Höhe Ramses Station, der Bahnhof im Norden von Kairos Innenstadt, springen wir aus dem Taxi und gehen zu Fuß weiter. Auf der Rückseite des Bahnhofs ist der städtische Busbahnhof, parallel dazu verläuft die Ahmed Helmy Straße. Es befinden sich etliche Reisebüros hier und es ist *der* Ort, wenn man Ausflüge buchen möchte.

Wir steuern aber das Ciao Hotel auf Nummer 28 an. Ein Riesending aus den neunzehnsiebziger Jahren. An der Rezeption vorbei geht es zum scheppernden Lift, den man nur mit dem *Liftboy* benützen darf. Ägyptische Aufzugsanlagen haben übrigens selten schließende Türen, wenn sie überhaupt Türen haben. Man sieht den Liftschacht an sich vorbeiziehen. Wie gesagt, fahren aber zumeist Liftboys mit, die beim Runterfahren dann Trinkgeld erwarten.

Im neunten und zehnten Stock des Hotels gibt es zwei Terrassenrestaurants. Mir persönlich gefiel der zehnte Stock immer besser. Es ist Geschmackssache, die Lokale sind unterschiedlich spartanisch eingerichtet. Wir bestellen Bier und Kamil starrt auf den Fernseher. Aber bis zu den Nachrichten dauert es und alle schauen Fußball. Im hinteren Lokalteil wird Domino gespielt. Das *Shish Tavuk* – Sandwich (geröstetes Fleisch, Petersilie, Zwiebel, alles kleingehackt) schmeckt hervorragend. Das Bier ist von der Marke Stella. Es ist ein würziges Lager mit 4,5 Prozent Alkohol auf einen halben Liter. Die grünen Flaschen sind leicht bauchig, der Kellner öffnet sie am Tisch. Stella wird in der Al Ahram Brauerei erzeugt, die inzwischen auch schon zu Heineken gehört.

Die Nacht vergeht mit Politisieren und dem Streit der Dominospieler. Und dann findet sich um zwei Uhr früh wieder leicht ein Taxi vorm Hoteleingang.

Besuchte man das Basarviertel, war man schon nah dran an der nächsten Sehenswürdigkeit: der Zitadelle. Am Weg dorthin beschloß ich zuerst die Ibn Tulun – Moschee, nach der Amr Ibn el-As Moschee die zweitälteste in Kairo, zu besuchen. Der Taxifahrer sagte, er nehme mich mit, wenn er noch ein Paket rasch abholen dürfe auf der Strecke.

Es gibt seit 2010 die sogenannten „Hauptstadt Taxis“ oder Cairo International Taxis. Sie sind weiß mit schachbrettartigen Zierrand und waren ein Langzeitprojekt des Ministerpräsidenten Achmed Nasif! Diese Taxis sind für Touristen meistens angenehmer als die herkömmlichen schwarzen Taxis, die zumeist ohne den Taxameter einzuschalten Fahrgäste mitnehmen, entweder weil er nicht funktioniert oder der Preis Daumen mal Pi eruiert wird. Da aber lange kein Taxi – sehr ungewöhnlich in Kairo! – vorbeigefahren war, nahm ich ein schwarzes, herkömmliches Taxi und einigte mich mit dem Fahrer auf den Preis bis zur Ibn Tulun Moschee.

Ahmed Ibn Tulun, der Sohn eines turkmenischen Sklavens, machte rasante Karriere. Zuerst wurde er als Statthalter der Abassiden, deren Zentrum Bagdad war, in Ägypten bestellt. Die Korruption und die damit einhergehenden Unruhen, Intrigen und Morde uferten aber in Ägypten dermassen aus, dass man Ibn Tulun gerne die Alleinherrschaft übertrug. Seine Dynastie der Tuluniden bestand schließlich von 868 bis 905 unserer Zeitrechnung. Er legte die Fundamente der Stadt Kairo, die schließlich unter den Fatimiden im ganzen Orient berühmt wurde. Die Moschee war sicherlich das prunkvollste Gebäude und das einzige, das die Zeiten überdauerte. Bewußt ist es angelehnt an die abbasidische Kunst seiner

Zeit, denn Ibn Tulun wollte im Prunk mit Baghdad konkurrieren.

Ganz eigen ist die Außenmauer, die einen Vorhof an drei Seiten der Moschee bildet. Auf den Mauern entlang ziehen sich Koransuren in derartiger Regelmässigkeit, sodass sie unsereinen an Burgzinnen erinnern und wir erst beim zweiten Mal hinsehen erkennen, dass es arabische Schriftzeichen sind. Über Treppen steigt man zum eigentlichen Hof. Sinn dieser Außenmauer und des Vorhofes war, die Geräusche von außen abzuhalten und sich mit jedem Schritt weiter in die Stille und Abgeschiedenheit weg von der lärmenden Stadt zu begeben. Der Eintritt in den Haupthof überwältigt. Der fast quadratische Grundriß, das Fehlen von Säulen, der ockerfarbene Grundton der gebrannten Ziegel, all das trägt zu dem überwältigenden Eindruck bei, das dieses riesige Areal auf den Besucher verbreitet. Massive Pfeiler stützen die Gewölbe. Die kreisförmigen Fenster sind zu einer späteren Zeit dazugekommen. Die Schmuckbänder mit floralem Design sind nur mehr an einigen Gewölbeflächen erkennbar. Sie sind kunsthistorisch äußerst bedeutsam, da der sogenannte Samarra–Stil so weit westlich sonst nirgendwo vorkommt.

Zwei Objekte fallen dem Eintretenden auf: der achteckige Brunnen in der Mitte des Hofes und das Spiralenminarett. Zwei Legenden spinnen sich um die Moschee. Die eine ist, dass die Moschee an der Stelle steht, an der Abraham oder auch Ibrahim genannt im letzten Moment nicht seinen Sohn sondern einen Widder opferte und die zweite ist, dass das Holz, das für die Dekorreihe im Brunnen verwendet wurde, das gefundene Sykomorenholz aus der Arche Noah sei. Steht man in diesem mysthischen Quadrat dieses Moscheehofes, neigt man dazu alles zu glauben.

Das aus Kalkstein errichtete kurze Minarett versetzt einem in Tausendundeinenachtgeschichten. Faszinierend und auch entzückend wie sich die Außenstiege vier Stock über einen quadratischen Sockel empor windet. Obenauf steht nochmals ein achteckiges Türmchen. Ist man nicht schwindlig, kann man gegen etwas Trinkgeld auf das Minarett steigen.

Ich wandle noch einmal eine Länge unter den Arkaden entlang. Es fallen mir die Kreuzgänge vom englischen Canterbury oder auch Kloster Lilienfeld in Niederösterreich ein. Als ich langsam wieder hinaustrete, den Vorhof durchquere, dann nach der Außenmauer die Treppen zur Straße hinabsteige, kommt mir alles greller und lauter vor.

Praktisch um die Ecke, vom Eingang zur Moschee, immer der Mauer entlang, liegt das Bait el-Kiriklija, heute als Gayer Anderson – Museum bekannt. Es ist ein typisches Wohnhaus aus der Osmanischen Zeit und wurde vom Abriß verschont, weil der letzte Besitzer es dem Staat unter der Bedingung schenkte, dass es der Öffentlichkeit zugänglich gemacht werde. Sobald der in Kairo verliebte Brite starb, geschah das auch. Der Besucher spaziert heute also durch das teils sehr enge, dunkle, immer wieder von faszinierenden Blicken auf die Ibn Tulun Moschee durchzogene Wohnhaus und kann gleichzeitig die enorme Sammlung Gayer Andersons bewundern. Der englische Militärarzt sammelte Teppiche, Satteltaschen, Waffen, Truhen, Kästen, Kunsthandwerk im gesamten orientalischen Raum.

Übrigens sind es eigentlich zwei Häuser, die miteinander verbunden sind. Eines ist aus dem Jahre 1540, das andere von 1631. Es sind hier wie im Khan Khalili Basar oft viele Touristen anwesend, aber es lohnt sich, in einem der Erker Platz zu nehmen und die Lichtspiele durch die kunstvoll verzierten Holzfenster, Mashrabyia genannt, zu beobachten, die einerseits genug Licht hereinlassen, um das Zimmer zu erhellen, andererseits aber den Beobachter so verdecken, dass er von außen nicht gesehen werden kann. Das war besonders wichtig in den Frauenräumen.

Draußen auf der Straße geht man am besten wieder denselben Weg zurück, an der Moschee vorbei, vor zur Sharia As-Sabiya. An der Ecke befinden sich zwei, drei

Garküchen. Ich nahm dort einen starken schwarzen Tee und ein Felafel-Sandwich zu mir. Rehab, eine arabische Bekannte in Österreich, war entsetzt, als sie das hörte und meinte, ich müßte doch mindestens Magenkrämpfe danach gehabt haben. Hatte aber gar nichts. Die einzige Vorsichtsmaßnahme, die ich traf, war mich zu versichern, dass das Glas sauber gespült ist, bevor Tee eingegossen wurde. Ich hielt es dazu gegen das Sonnenlicht. Ein ägyptischer Freund wies das Glas mal zurück, als er vorm Einschenken, ein paar Tropfen Wasser darin vorfand. Übrigens, sollte mal etwas sein, ein wirksames und einfaches Rezept lautet: starken schwarzen Tee mit Salz und Zucker in gleichen Mengen darin aufgelöst in kurzen Schlucken trinken. Ich bin von Marokko bis zum Libanon und ebenso am Balkan damit immer gut durchgekommen.

Eine lustige Eintragung zum Essen in Ägypten fand ich beim dänischen Wissenschaftler und Forscher Carsten Niebuhr, der ab 10. November 1760 etwa zwei Jahre lang in Kairo weilte: „Die Heuschrecken sind in den Morgenländern sehr häufig, vielleicht aber doch nicht so sehr als man in Europa glaubet. ... Die Zugheuschrecke ist eben diejenige, welche die Araber essen ... Es ist zwar den Europäern eben so unbegreiflich, daß die Araber Heuschrecken mit Vergnügen essen, als es den Arabern, die niemals Umgang mit Christen gehabt haben, unglaublich ist, wenn man ihnen erzählt, daß die Christen Austern, Krabben, Krebse u.d.gl. als eine angenehme Speise genießen. Indessen ist das eine so gewiß als das andere. ... Ein Araber in Egypten, von dem wir verlangten, daß er gleich in unserer Gegenwart Heuschrecken essen sollte, warf sie auf eine glüende Kohle, und nachdem er sie hinlänglich gebraten zu haben glaubte, faßte er sie bey den Springfüßen und dem Kopf und verzehrte den Rest auf einem Biß. Wenn die Araber eine große Menge Heuschrecken haben, so braten, oder dörren sie sie in einem Ofen, oder kochen und essen sie mit Salz. Ich selbst habe niemals versucht Heuschrecken zu essen.“ Auch ich habe wie

Niebuhr nie Heuschrecken gegessen! Allerdings sah ich auch keine Ägypter welche essen. Vielleicht kommt das am Land noch vor, in Kairo konnte mir die Frage nicht beantwortet werden.

Die As-Sabiya – Straße steigt leicht bis zum Platz des Saladin an. Es ist eine ruhige interessante Wohnstraße mit zwei schönen verbliebenen Häusern aus der Osmanischen Zeit. Kurz bevor man auf den Platz kommt, wird die Straße eng und umso verwunderter ist man über die Weite der Anlage, die sich einem auftut. Genau gegenüber thront majestetisch wie eh und je die Zitadelle mit der überragenden Mohamed Ali - oder auch Alabaster – Moschee genannt. Dazwischen liegt ein Grünstreifen mit einem Kreisverkehr. Links von uns befindet sich die Sultan Hassan-Moschee und im Westen die Rifai Moschee. Diese ist kunsthistorisch wenig interessant, außer man interessiert sich für Rokkoko in der Islamischen Kunst. Es ist sozusagen die Gruft für die Khediven-Dynastie im Neunzehnten Jahrhundert. Obendrein beherbergt sie den letzten iranischen Schah, der hier im Exil in Kairo 1980 verstarb.

Von Interesse ist aber die Sultan Hassan–Moschee. Die Söldner-Dynastie der Mameluken, die es mit der Religion genau nahmen und vor allem gegen das sich ausbreitende Schiitentum ein Zeichen setzen wollten, ließen sie im Vierzehnten Jahrhundert errichten. Die Bauherren kamen aus Syrien. Die theologische Bildung war ihnen so wichtig, dass sie die vier Rechtsschulen des Islams in vier extra Räumen unterbrachten, die an den Gebetsraum andockten. Es ergibt sich somit ein unüblicher Grundriß.

Dazu kommt, dass hier das höchste Minarett der Stadt steht, vier waren geplant. Aber mit den fast zweiundachtzig Metern des bestehenden Minaretts vollbrachten die Syrer ohnehin schon eine enorme bautechnische Leistung.

Mächtig ist auch das Portal: es mißt 26 m in der Höhe. Durch dieses betritt man die Vorhalle, wird dann durch

Korridore an der Rechtsschule der Malakiten vorbei zum westlichen Gebetsraum geführt, rechts davon liegt die Rechtsschule der Hanbaliten. Es öffnet sich der große Innenhof mit dem Brunnenhaus. Im Hauptgebetsraum befindet sich die Kanzel. Dahinter steht der Sarkophag von Sultan Hassan. „Jede Moschee hat ihren toten Heiligen, dessen Nahmen sie trägt und der nebenan in einer Grabkapelle ruht: irgend ein Priester, der durch seine Tugenden berühmt war, oder ein alter Khedive, ein Krieger oder ein Märtyrer.“, schrieb Loti in seinen Aufzeichnungen zu Ägypten.

Die Rechtsschulen der Schafiten und Hanafiten liegen jeweils links und rechts vom Hauptgebetsraum. Bis zu den Mameluken wurden die Gewölbe über den Gebetsräumen aus gebrannten Ziegeln errichtet. Jetzt kam der Stein zum Einsatz. Die Mameluken sollten die Kunst der Kuppeln zu höchster Blüte führen. Am besten sieht man das an ihren Grabbauten.

Da das Tor Al-Asab zum Zitadellenaufgang leider seit Jahrzehnten geschlossen ist, muß man die Zitadelle umrunden, um beim Hintereingang hinaufsteigen zu können. Ist man schon genug gegangen, nimmt man jetzt lieber ein Taxi. Davor sollte man sich nochmals die Geschichte, die hier auf diesem Platz zusammentrifft vergegenwertigen.

Wir stehen vor dem ersten wichtigen Bau der Mameluken in Ägypten. Gegenüber thront die Zitadelle, die unter dem Antikreuzritterhelden Saladin errichtet und über die Jahrhunderte weiter ausgebaut wurde. Schließlich lud Mehmed Ali, ein Albaner, der im Osmanischen Reich Karriere machte und Ägypten die westliche Technologie und Gedankenwelt bringen wollte, die Mameluken zum Essen ein in eben diese Zitadelle. Als diese satt gegessen und sich des Friedens mit diesem wichtigtuerischen Gefährten sicher wähnten, ließ Ali sie hinterrücks ermorden und warf die Sterbenden über die Mauern auf eben diesem Platz, auf den wir jetzt blicken. Das war im beginnenden Neunzehnten Jahrhundert.

Egal ob mit Taxi oder zu Fuß, am besten wendet man sich jetzt den Grünstreifen der bergab führt zu. Dort, wo der Grünstreifen auf die Umfahrungsstraße Salim Salih trifft, beginnt gegenüber die Totenstadt, die sich nördlich und südlich davon ausbreitet. Das fast gegenüber liegende Mausoleum ist das von Imam Sha'arif, welcher schon im Neunten Jahrhundert hier bestattet wurde. Die Kuppeln der Gräber der Mameluken ragen imposant hervor.

Schon früh zogen Menschen zum Wohnen in die Totenstadt. So erzählt etwa der Schriftsteller Al-Ghitani von Onkelchen Aschur, der die Grabmoschee des Sultan Kalawuns bewachte. „Er wuchs im Schatten des Grabmals heran. Seine Mauern stellten für ihn die Grenzen der Welt dar, steckten das Universum seines Wissens ab.“ Die Hüter der Moscheen und Mausoleen leben dort, bezahlt wurden sie - bis zu den großen Veränderungen unter Sadat - vom Staat, wenn die Familie der Grabstätte ausgestorben oder zahlungsunfähig war. Durch die immer stärker einsetzende Landflucht ließen sich immer mehr Menschen hier auf der Suche nach Wohnraum nieder. Sie besetzten freistehende Grabstätten oder richteten sich dazwischen häuslich ein. Etliche brachten ihre Ziegen und sonstigen Haustiere mit. Schon in den Neunzehnsiebziger Jahren schätzte man die Bevölkerung in der etwa fünf Quadratkilometer großen Totenstadt auf eine halbe Million. In Ägypten herrscht bis heute, trotz der ansteigenden Islamisierung, Totenkult. An Festtagen, wenn Gräber besucht werden, ist die Stimmung fröhlich, nicht traurig.

Die Stadtregierung verlegte inzwischen Kanalisation und Stromleitungen in der Totenstadt, es gibt hier Schulen und Cafés, trotzdem gehört die Totenstadt sicherlich zu den Armensiedlungen Kairos. Dieser Stadtteil ist auch durch die starkbefahrene Umfahrungsstraße vom Zentrum getrennt. Kaum Busse, keine Metro kommen an sie heran.

Geht man noch weiter östlich, stoßt man auf Menschen, die noch viel ärmer dran sind, die Zabalin am Moqattam. Sie leben zwischen hohen Abfallbergen, in Siedlungen, die sie selbst errichtet haben. Es sind Kopten, die aus Oberägypten nach Kairo zogen. Ihren Lebensunterhalt verdienen sie mit der Schweinezucht und dem privatwirtschaftlich organisierten System der Müllabfuhr samt Mülltrennung. Ganze Familien sammeln Müll in der Stadt, teils bekommen sie ihn hingekippt. Sie sortieren den Müll, verkaufen Brauchbares, verbrennen, was wirklich nicht brauchbar ist und ihre Schweine fressen die Essensreste. Auch Esel und Schafe halten sie. Angeblich können sich Familien auf diese Art finanziell sanieren und dann wieder aufs Land ziehen.

In dem Berg eingehauen haben sie eine Kirche mit eigenem Priester. Unterstützung vom Staat bekommen sie null. Ordensschwestern, ich weiß nicht welche, kümmern sich um ihre medizinische Versorgung.

Die Hysterie um die „Schweinegrippe" im Jahre 2009 traf die Zabalin hart. Rund 400.000 Schweine wurden umgebracht, also nicht geschlachtet zur Verwertung sondern eben einfach nur so umgebracht. In einer ARD-TV Weltspiegel Sendung kamen verzweifelte Menschen zu Wort, die auf diese Weise mit einem Male ihre Einnahmensquelle verloren hatten. Die Schweinezucht ist seit jeher das Monopol von koptischen Ägyptern. Dennoch, diese sinnlose Raserei der Regierung fanden Christen wie Moslems dumm, denn der Gestank breitete sich tagelang über Kairo aus und eine Idee, wie die Essensreste nun entsorgt werden sollen, lieferte die Mubarak-Regierung nie. Es sollen danach über Hilfsorganisationen neue Schweine angekauft worden sein.

Als ich einmal gegenüber ägyptischen Bekannten über den Müll auf den Straßen schimpfte und ihnen vorschlug, dass alle Ägypter lernen sollten, Abfall in Mülleimer zu kippen und am besten gleich mit Mülltrennung, als ich dann euphorisch weitersprach, welche neuen Energieressourcen sich hier auftun würden, wenn Mülltrennung durchgesetzt würde, unterbrach mich schließlich einer, nachdem mich die Runde schon längst unruhig und stirnerunzelnd angesehen hatte: „Forget it, Elisabeth, with your system you ruin the Zabalin!" Auch später bekam ich nochmals zu hören, dass Ägypter in Kairo sich nicht um Müllprobleme Gedanken zu machen brauchen, da ja die Müllmenschen sowieso alles sortieren, trennen, verwerten. Nur wir Europäer, die wir keine Müllmenschen haben, müßten uns darüber Gedanken machen! Solange also die Landwirtschaft in Ägypten im Argen liegt und die Menschen in die Großstadt flüchten, scheint es sinnlos zu sein, in Kairo über die Müllproblematik diskutieren zu wollen.

Wir umrunden die Zitadelle und gehen der Abzweigung der Umfahrungsstraße bergan. Gehsteige sind eine Seltenheit. Der Fußgänger bewegt sich einfach am Straßenrand.

Der Eingang zur Zitadelle öffnet sich plötzlich, ein kleines Pförtnerhaus, Touristenpolizei, nochmals kurz bergauf bis man schließlich auf dem Platz ankommt, auf dem sich das Militärmuseum und der Eingang zur Mohamed Ali – Moschee befindet.

Die ursprüngliche Festungsanlage steht seit 1207 und wurde laufend umgebaut und erweitert. Anstatt der Moschee stand hier ein Bunker zum Schutz der Herrschenden im Falle des Angriffs, der durch eine Waffenexplosion 1825 zerstört wurde. Locker trotzte man von hier Angriffen, die von der Wüste her kamen. Mohamed Ali fühlte sich aber sicher, weshalb er statt eines neuen Festungskerns eine Moschee zu seinen Ehren errichten ließ. Der bosnische Architekt, der sie entwarf, hatte natürlich Sinans Wunderwerke im Herzen des Osmanischen Reiches studiert und vollbrachte hier in Kairo eine fantastische Kopie aller osmanischer Moscheen. Der mächtige Kuppelbau, dessen Hauptkuppel mit 52m Höhe und 21m Durchmesser über einen quadratischen Grundriß emporstrebt, besticht beim Eintreten. Hellgelber Alabaster ist das Baumaterial, deshalb der Name. Einst waren auch die Pyramiden mit Alabaster verkleidet.

Zwei deutsche Touristen in Kaftans gekleidet durchschreiten andächtig die Gebetshalle, während eine kleine Gruppe Amerikaner lachend und hüpfend Unruhe verbreitet. Da fällt mir ein, dass schon Loti über das schlechte Benehmen so mancher Moscheebesucher schrieb: „Gibt es denn keinen Wächter, keine Polizei in dieser heiligen Moschee? Und keiner unter den Gläubigen, die betend am Boden liegen, erhebt sich und sagt ihnen seine Meinung? Wer will uns nun noch etwas von dem Fanatismus der Ägypter vorreden? Mir sind sie überall fast zu gutmütig erschienen. An jeder beliebigen Kirche Europas, wo Gläubige knieen und beten, möchte ich sehen, wie man mohamedanische Touristen empfinge, die - wenn dies überhaupt möglich ist - sich so aufführten wie diese Barbaren!"

Der Vorhof der Moschee muss auch erwähnt werden. Der Brunnen in der Mitte erinnerte mich an den ebenso schön gestalteten Brunnen der Ghazi Husrev Beg Moschee in Sarajevo. Ghazi Husrev Beg stammte aus Ägypten und machte am Balkan Karriere. Unter seiner Zeit blühte Sarajevo zu einer bedeutenden Handelsstadt im Osmanischen Reich auf. Machte Ghazi Husrev Beg also von Ägypten aus in Bosnien Karriere, ging Mehmed Ali von Albanien nach Ägypten. Keiner der beiden wurde als Ausländer sondern nur als erfolgreicher Herrscher wahrgenommen.

Nicht zu übersehen ist der putzige Uhrturm auf der Außenmauer des Vorhofes: ein Geschenk des französischen Bürgerkönigs Louis-Philippe. Es war die Antwort auf den Obelisken von Luxor, der heute den Place de la Concorde in Paris ziert. Ist die schmucke Uhr für Mohamed Ali recht rasch angeschifft worden, dauerte die Lieferung des

Obelisken von Ägypten nach Frankreich ganze vier Jahre, denn Frankreich war von der Revolution und danach Kontrarevolution erfasst worden. So nahm statt Karl X. der Nachfolger Louis-Philippe den Obelisken dankend entgegen. Bis der 23m hohe und 220 Tonnen schwere Obelisk dann aber auf seinem Platz – statt dem Reiterstandbildes Ludwig XVI. - aufgestellt war, vergingen nochmals drei Jahre.

Es war eine sich gegenseitig bereichernde Welt - lange vor der EU und dem so oft strapazierten Begriff „Globalisierung“.

Auf der anderen Seite des Betraums sieht man von einer Terrasse weit über die Stadt. Bei guter Sicht sind auch die Hochhausbauten am westlichen Nilufer erkennbar und im Dunst die Pyramiden. Tee, Kaffee und Eis wird verkauft. Ein Fotograf mit Polaroidkamera versuchte Touristen zu ködern. Im Winter kann es auf der Terrasse ganz schön ziehen.

Die zweite Moschee auf der Zitadelle, die El-Nasir-Moschee ist um vieles älter aber schlichter. Interessant ist das unterschiedliche Baumaterial, das verwendet wurde, so sollen die Granitsäulen etwa aus pharaonischen Tempeln stammen. Hinter der Moschee liegt der Josefsbrunnen, die erste Wasserversorgung der Zitadelle, und das Grab von Josef. Alle drei Buchreligionen erzählen die Legende von Josef, der in Palästina von seinen Brüdern verkauft wurde, da sie ihm die Position beim Vater neidig waren. Josef machte als Gastarbeiter in Ägypten Karriere, arbeitete schließlich am Hof des Pharaos und holte seine inzwischen verarmte Familie zu sich. Den Namen Josef (Yusuf) hört man in Ägypten häufig.

Wenn noch Zeit bleibt, empfiehlt sich der Besuch des Militärmuseums, untergebracht im ehemaligen Empfangspalast Mohamed Alis. Es ist im Prinzip ein Museum der jüngeren Geschichte Ägyptens. Sie treffen hier auf alle Persönlichkeiten, die ich schon genannt habe –

Orabi, Nasser, Naguib – und auf viele weitere. Ein Raum ist der jemenitischen Revolution in den neunzehnsechziger Jahren gewidmet, die von Ägypten unterstützt wurde. Geht man durch diesen Ausstellungsraum, begreift man, warum die jetzigen jemenitischen Aufstände in Ägypten so heftig diskutiert werden.

Übrigens, als ich zuletzt dort war, wurde Mubarak immer noch als Fliegerheld präsentiert. Die ehemalige „Mubarak"-Station der Metro beim Bahnhof Ramses war hingegen schon im April in „Die Märtyrer" umbenannt worden.

Sind Sie noch fit, können Sie jetzt die Zitadelle in der anderen Richtung umrunden und vor dem Saladin-Platz mit den schon besichtigten Moscheen in die islamische Altstadt eintauchen. Es ist eine lebendige Gegend. Hier herrscht ursprünglicher Basarbetrieb. Die Werkstätten sind belebt. Es gibt die Tischlermeister, die Schmiedeeisenwerkstätten und die Schuster. Vom ehemaligen Sattlermeisterbasar ist nichts mehr zu sehen. Ja, Kinderarbeit sieht man hier auch sehr viel. Die Korrespondentin Kristina Bergmann berichtete: „Da ist beispielsweise die Schmelzerei „Yunis". Der Inhaber hat in einer Ecke seiner winzigen Fabrik einen Ofen eingebaut. Dort hinein kommen Gefässe, die mit Aluminiumbrocken gefüllt sind. Wenn sie geschmolzen sind, nimmt der Chef die Gefässe heraus, und Arbeiter giessen die Flüssigkeit in Formen. Diese haben sie zuvor in mit Sand gefülllten Tabletts vorbereitet. Es werden Verkleidungen für Lichtschalter gegossen. Die Vorbilder stammen aus grossen Geschäften, die sie für relativ viel Geld importieren." Hier, südlich vom Basar Khan el-Khalili, erlebt man noch echtes orientalisches Geschäftsleben.

Die Straßen wurden irgendwann mal asphaltiert, der Sand hat sich aber längst zentimeterdick über die Wege gelegt und so staubt es hier gewaltig. Die zusammengebrochenen Häuser und die Risse in den bestehenden stammen von einem Erdbeben 1992. Die Regierung hat ihr Versprechen den Armen hier unter die Arme zu greifen nie in Taten umgesetzt. Auch ein Grund, warum im Februar 2011 der letzte Pharao gestürzt wurde.

Sind Sie müde, erholen Sie sich im nahegelegenen Al-Ahzar-Park. Man sollte das Taxi nehmen, da der Haupteingang auf der Umfahrungsstraße liegt.

Schon der Eingang verspricht ein kleines Paradies mitten in der Großstadt. Beim Eintritt glaubt man zu träumen: eine fantastische Gartenanlage mit exotischen Pflanzen, Bächen, Teichen, Grashügeln tut sich vor einem auf.

Die Anlage der Aga Khan Stiftung wurde nach andalusischen sowie persischen Gartenideen auf der ehemaligen etwa dreißig Hektar großen Müllhalde Darassa verwirklicht. Der Aufschüttung ist es zu verdanken, dass die Cafés und Wiesen des Parks heute zu den besten Adressen gehören, um einen Blick auf die Stadt zu genießen. Seit August 2007 führt die Kairoer Stadtregierung die Anlage. Geöffnet ist zwischen zehn Uhr vormittags und zehn Uhr abends. An Feiertagen länger. Oft gibt es festliche Buffets oder spezielle Dinnertage. Der Eintritt in den Park selbst ist mit sieben Pfund auch für Ägypter der Mittelschicht erschwinglich.

Für die Planung des Landschaftsparks zeichnet die ägyptische Firma Sites International sich zuständig. Das Wasser der Brunnen und Teichanlagen stammt vom Nil. Speziell eingerichtete Messstellen kontrollieren wieviel Wasser zum Spritzen welcher Pflanzen verwendet wird Während der Bauphase waren rund 400 Leute aus der ärmlichen Umgebung beschäftigt. Heute gibt der Park immer noch etwa 250 Menschen Arbeit.

Das Restaurant Citadel View, etwa in der Mitte des Parks, stammt von den ägyptischen Architekten Rami El-Dahan und Soheir Farid. Unter Gewölben im maurischen Stil sitzt man auf niedrigen blau-überzogenen Hockern bei silbernen Tabletts. Das Lakeside Café am Teich mit Blick zur Zitadelle ist ein nach außen wirkend einfacher Pavillon vom Pariser Architekten Serge Santelli. Der Holzkubus spielt innen mit geometrischen Formen und öffnet sich nur zum Teich hin mit einer Terrasse. Alle Möbelstücke wurden in den Werkstätten des unterhalb gelegenen Wohnviertels Darb Al-Ahmar gefertigt. Diese ärmliche Gegend erfuhr durch den Park eine bis heute anhaltende positive Entwicklung. Die Aga Khan Stiftung hat weitere Entwicklungsprojekte in Kairo und ganz Ägypten laufen. Die Qualität der Architektur wird schon alleine durch den hoch angesehenen Aga Khan Preis auf hohem Niveau gehalten, dieser Architekturpreis wird jährlich durch eine hochkarätige internationale Jury für geplante Projekte vergeben. Auf diese Art und Weise wurde schon so manchem Projekt zur Verwirklichung verholfen.

Im Park finden sich weiters Eis- und Sandwich – Verkäufer. Auf Bänken sitzen artige Pärchen, in den Wiesen lümmeln Studenten. Familien schieben Kinderwägen auf den gepflasterten Spazierwegen, am anderen Ende des Parks befindet sich auch ein Spielplatz. Über sechshunderttausend Pflanzen wurden gesetzt. Es finden sich vier verschiedene Typen von Akazien, Sykamoren, japanische Baumtypen wie auch Gewürze und Heilpflanzen.

Wenn schon die Traumlandschaft des Al Azhar Parks besucht wurde, könnte man noch in die Luxuswelt Heliopolis am nordöstlichen Ausläufer Kairos eintauchen. Nehmen Sie ein Taxi von Al Ahzar Park. Die Armensiedlungen bleiben zurück, an der Satellitenstadt Nasser City fahren wir vorbei und bewegen uns auf die 1905/1906 vom belgischen Baron Edouard Empain angelegte vornehme Wohnsiedlung Heliopolis zu.

Breite Straßen durchziehen das Viertel. Die langen Häuserblöcke zeugen vom Einfluss des andalusischen Baustils, sind aber doch einfach Fantasiegebilde. Jeweils im ersten Stock dieser Häuser befinden sich Terrassen von Cafés und Restaurants. Unter den Arkaden sind Modegeschäfte.

Über Mauern lugen Palmen und Akazien und zeugen von traumhaften Gärten. Am Ende des Hauptboulevards, der eine Achse zur Kairoer Innenstadt bildet, steht eine Notre Dame ähnliche Kirche. Es ist die katholische Kathedrale. Hier lebten eben bis 1952 hauptsächlich Europäer. Heute wohnen hier die gehobene Mittelschicht und die Reichen. Mubarak soll sich hier in seine Villa verzogen haben – oder er wurde vom Sicherheitsstab dorthin verbannt, während ab 25. Jänner 2011 die Revolte gegen ihn im Zentrum stattfand. Hier wohnte aber auch der letzte Schah von Persien und vergessen Sie nicht, das Forbes Magazin ortet die meisten Dollar-Billionäre Afrikas in Ägypten. Deshalb ist es auch nicht verwunderlich, wenn man da mal einen Jaguar vorbeifahren sieht und dort eine Mercedes Limousine. Hier finden sich auch Hotels der Spitzenklasse wie etwa das Le Meridien Heliopolis, das Sheraton Helipolis, das ein Casino besitzt und das Hotel Intercontinental mit einer Golfanlage.

An der Kathedrale vorbei weiter stadtauswärts trifft man auf ein untypisch anmutendes Gebäude, dem Baron Palace. Ein Schlößchen im indischen Stil, das der Baron für seine geliebte Ehefrau errichten ließ. Inzwischen ist es verfallen, soll aber demnächst restauriert und dann auch der Öffentlichkeit zugänglich gemacht werden. Momentan kann man es nur von der Gartenmauer aus betrachten. Betreten haben es vorerst nur Studenten der Architekturfakultäten der TU Wien und der Universität Assiut unter Dr. Vittoria Capresi, um es in einem ersten Schritt zu vermessen und zu analysieren.

Der Stadtteil Heliopolis ist dort errichtet, wo die alttestamentarische Stadt „On“ gelegen sein soll. Außer einem Obelisken fanden die Archäologen bisher nichts. Vor dem Obelisken sollen die Menschen der antiken Atum-Kultur aber einen Stein genannt „Iunu“ angebetet haben. „Ihn trafen die Strahlen der aufgehenden Sonne als erstes. In der „Sonnenstadt" entstand wahrscheinlich der Kult des Sonnengottes Rê, Atum verwandelte sich in Atum-Rê." schreibt Polkehn.

In Bayern gibt es gleich zwei Unternehmen, die unter anderem in Solarenergie investieren, und im Namen Bezug auf die Sonnenstadt - On - Heliopolis und den Sonnengott Atum - Rê nehmen: das ist einerseits die Munich Re und andererseits die E.ON. Beide Unternehmen investieren in Solarenergie in Nordafrika. Bei einer großen Konferenz im November 2011 stellten sie in Kairo unter dem Konsortium Desertc Industrial Initiative (Dii), in dem deutsche Unternehmen führend sind, ihre neuen Initiativen auf einer Konferenz vor.

Zurück in die Innenstadt fahren kann der Besucher mit der alten Stadtbahn, die zwischen Heliopolis und der Ramses Bahnstation im etwa Viertelstundentakt verkehrt. Die einzige Tram, die in Kairo übriggeblieben ist. Im Jahre 1911 sollen 58 km Tramschienen verlegt gewesen sein. Die Straßenbahnen wurden aber spätestens mit dem U-Bahnbau eingestellt. Die Bahn zuckelt heute langsam dahin. Die Waggons schaukeln hin und her. Die Geleise sollten dringendst erneuert werden, was angeblich auch im Winter 2011/2012 passiert.

Im Mai 2011 feierte die Bibliothek Kairo oder besser gesagt Das Haus der Bücher, das „Dar el Kutub" in Bab El Khalq hundertzweiundvierzig Jahre. Das Haus präsentierte sich der Öffentlichkeit am 25.02.2007 komplett neu renoviert. So sehenswert das Innere ist, scheint es immer noch Geheimtipp zu sein, denn es finden sich dort kaum Leute wieder und schon gar keine Touristen.

Die erste Bibliothek Kairos, die Kuttubkhana El Khediwiya, die unter dem Khediven Ismail, der der Kunst und Kultur sehr zugetan war, eingerichtet wurde, befand sich in dem Palast des Prinzen Fadel Mustafa in der Gegend Darb El Gamgamiz. Schon damals wurden die Tore für die

Öffentlichkeit zum Lesen und Studieren geöffnet. Sie entstand 1869 durch die Vereinigung mehrerer privater Bibliotheken und staatlicher Sammlungen. Katalogisiert wurde sie von Deutschen und Österreichern. Über 750.000 Bände umfasst die Bibliothek sowie Karten und Globi und obendrein eine Münzsammlung.

Der Khedive Abbass Helmy legte schließlich 1899 den Grundstein für ein neues Haus, das der Österreicher Max Herz Pascha entworfen hatte. Er wurde dann auch der erste Direktor und Chefkurator des Islamischen Museums. Es handelte sich um einen gefinkelten Grundriß, denn es ist ein Eckhaus mit einer kurzen Seite auf der Muhamed Aly – Straße und dem Eingang zur Bibliothek, sowie einer langen Seite auf der Bur Said - Straße (gemeint ist natürlich Port Said, aber Ägypter können kein „P“ aussprechen), wo der Eingang zum Museum für Islamische Kunst liegt.

Da die Metro Linie drei noch nicht fertig gestellt ist und die nahe gelegene Station Bur Said noch nicht geöffnet ist, fährt man am besten zur Attaba Station. Dort lag das Zentrum des Khediven – Kairos, bevor es an den Nil zum heutigen Tahrir Platz hin verlagert wurde. Aber von den in der Literatur so herrlich beschriebenen Esbakiya Gärten sieht man heute rein gar nichts mehr. Die übriggebliebene Parkanlage ist obendrein noch von zwei vielbefahrenen Straßen durchschnitten. Auf der östlichen Parkseite befindet sich das Nationaltheater. Es ist durch den sich ausbreitenden Buchmarkt kaum zu erkennen.

Beim Buchmarkt handelt es sich um einen Gebrauchtwarenmarkt für Bücher aller Art, die an Marktständen unter weißen Zelten angeboten werden. Immer wieder finden sich Fremdsprachenbücher darunter. Allerdings braucht man viel Geduld für die Durchsicht. Die Bücher liegen gestapelt, nebeneinander aufgereiht oder sind in Kisten zum Wühlen.

Vorbei am Nationaltheater hält man sich Richtung Süden, geht man soweit es der irre Verkehr zuläßt die Al Ahzar –

Straße entlang und sucht den Beginn der Muhamed Aly – Straße, heute offiziell Al-Qalá – Straße genannt. Diese gehen Sie dann stadtauswärts in südöstlicher Richtung bis zum Platz Bab Al Khalq.

Es ist eine ruhige Straße mit einigem Baumbestand, prächtigen ehemaligen Stadtpalais und unzähligen Musikgeschäften. Wer arabische Musik liebt, als Musiker arabische Instrumente, Bücher zur arabischen Musik, Musikaufnahmen oder ähnliches erwerben will, ist hier bestens aufgehoben!

Die zurückversetzte Fassade der Bibliothek ist nicht gleich von den anderen Palais zu unterscheiden. Steile Stufen führen zum Eingang. Dahinter befindet sich gleich der Kontrollposten. Durch die vielen Anschläge im Zwanzigsten Jahrhundert wird man in öffentlichen Gebäuden, oft auch in Hotels, wie am Flughafen kontrolliert. Links davon befindet sich die Gardarobe und die Kassa. Fotoapparate und Mobiltelefone müssen abgegeben werden.

Da im Jahre 1971 die eigentliche Bibliothek in ein neues Gebäude nach Bulaq zog, handelt es sich in diesem Gebäude heute rein um ein Ausstellungshaus. Eine steile Treppe führt in den ersten Stock. Linker Hand befindet sich der Museumsladen, der sich sehen lassen kann. Rechts beginnt die Ausstellung. Die neu eingezogenen Eisentreppen und Glasgalerien passen sich unaufdringlich dem pseudo-maurischen Stil der Neunzehnhunderter Mode an. Eine Pracht ist der herrliche Parkettboden, den man selbst in Wien schon in dieser Vollendung suchen muß.

Die Ausstellung beginnt mit medizinischen Büchern, geht weiter mit astrologischen Aufzeichnungen und Karten, zeigt Geschichtsbücher und schließlich in den oberen Stockwerken theologische Schriften. Handwerklich begeistert die Kunstmalerei und die arabische Kaligraphie. Skurril sind Entdeckungen wie jene: „Science of War and Industrial Forts and Castles“ von einem Raimund Monti Qocoly, in Auftrag gegeben vom „Governor of Austria“, vom Italienischen ins

Türkische übersetzt, gedruckt in Wien im Jahre 1718. Tja! „Governor" haben wir in Österreich erst jüngst mit der mir lächerlich erscheinenden Umbenennung des Nationalbankdirektors Nowotny in Governeur Nowotny. Und mit „Monti Qocoly" ist wohl das Adelsgeschlecht der Montecucculi gemeint, die im Habsburg Österreich zuhause waren.

Sehr aufschlußreich über die damalige Gesellschaft sind auch die ausgestellten Verträge. Erstaunlich wie ähnlich ein Mietvertrag in der römischen Zeit in Ägypten einem vergleichbaren in Wien heute ist! Auch Eheverträge haben sich sichtlich nicht so sehr verändert über die Jahrhunderte.

Die meisten Schriften sind in Türkisch gehalten, allerdings noch aus der Zeit, als man Türkisch mit arabischen Buchstaben schrieb. Etliche Schriften sind in Farsi. Die persischen Buchmalereien und jene aus der Moghul – Zeit nehmen sich dann in Kairo am exotischschsten aus.

Die heutige Direktorin der Bibliothek und Verantwortliche für die Auswahl der Exponate und der Ausstellungsgestaltung Prof. Laila Galal Rezk sagt nicht umsonst, dass die Sammlung ein großer nationaler Schatz ist, der die Aufgeklärtheit der arabischen Herrscher und Gelehrten sowie der Sammler zeigt.

Um ins Museum für Islamische Kunst zu gelangen, muß man außen herum gehen. Leider gibt es weder in den Ausstellungsräumen noch im Hof des Eckhauses ein Café. Das ist auch insofern bedauerlich, als auch in der näheren Umgebung keines ist.

Die Fassade des Kunstmuseums ist offener gestaltet, der Eingang befindet sich auf Straßenebene. Hier sind wir wieder einmal bei einem großen Problem: für körperbehinderte Menschen ist Kairo ein einziger Hürdenlauf. Angefangen mit den viel zu hohen Randsteinen bis zu den nicht behinderten gerechten Eingängen und Aufgängen! Hoffen wir, dass die Stadt demnächst mehr in Aufzüge und Rampen investieren kann. Denn auch in der ägyptischen Gesellschaft gibt es etliche körperbehinderte Menschen.

Im Vorraum und im ersten Saal finden Sie eine chronologische Übersicht der islamischen Dynastien Ägyptens. Im zweiten Saal konzentriert man sich nach der chronologischen Abfolge gleich auf das Kunsthandwerk aus der ersten Periode, der Omaijaden, der noch direkten Nachfahren des Propheten Mohameds. Es folgen Schätze aus der Abbasiden und der Tuluniden Dynastien. Neben lasierter Keramik mit stilisierter Ornamentik bekommt man Stuckwerk aus Wohnhäusern und Metallhandwerk zu sehen. Grabplatten mit kufischer Schrift stehen am Boden. Im Raum der Fatimiden wird Textiles und Schmuck präsentiert.

Am aufregendsten ist aber wohl ein Deckengemälde eines Bades aus der Spätzeit von Al Fustat. Für die Mamelukenperiode sind Architekturdetails und kunstvolle Tauschierarbeiten ausgestellt. Mehrere Holzarbeiten folgen im nächsten Raum.

Prachtvoll die Türen und Tore der Stadtpalais in der Fatimiden, Aijubiden und Mameluken Zeit! Intarsien und Holzschnitzarbeiten an Möbeln und Schmuckstücken begeistern gleichfalls. Schließlich wird auch die Inneneinrichtung eines arabischen Wohnraumes mit stalakitengewölbter Holzschnitzdekoration aus dem Achtzehnten Jahrhundert gezeigt. Fayencen und Porzellan der Fatimiden, sowie Waffen aus der Mamelukenperiode folgen in den nächsten Räumen. Schließlich runden die Schau noch Schmuckstücke aus Persien und Kleinasien ab

Es gibt noch ein Museum, in das ich sehr gerne gegangen bin, obwohl es schon längst renoviert und überholt gehört. Es handelt sich um das Landwirtschaftsmuseum.

Das Museum wurde unter König Faruk eingerichtet. Dafür ausgeählt wurde der Palast der Prinzessin Fatma, der Tochter des Khediven Ismail. Im Jahre 1930 fasste die Regierung diesen Beschluß, nach längeren Adaptierungsarbeiten konnte das Museum dann am 16. Jänner 1938 eröffnet werden. Angeblich war es das erste Museum der Welt, das sich der Landwirtschaft widmete.

Man nimmt die Metro bis zur Station Doqqi. Gleich beim Ausgang nimmt man die Straße Suleiman Gohar und geht diese bis zum Ende entlang. Es ist eine belebte Wohnstraße und ein Teil ist Marktgegend. In dem Abschnitt nach dem Platz Suleiman Gohar geht es in eine Allee über.

Am Ende der Straße stoßt man auf die Hassan Muhammad Ar-Razzaz – Straße oder auch Nawal Straße genannt, in die man links einbiegt. An der großen Kreuzung, die man überquert, sieht man gegenüber schon die Mauern, die sich rund um den Park schließen, in dem das Museum steht.

Beim Parkeingang befindet sich die Kassa. Es gibt wieder unterschiedliche Preise für Einheimische und Touristen. Fünf Pfund zahlt man als Tourist. Beachten muß man, dass in Kairo fast alle Museen – außer dem Ägyptischen – nur von neun bis vierzehn Uhr offen haben. Und das Landwirtschaftsmuseum hat auch nur an vier Tagen der Woche geöffnet, nämlich am Sonntag, Dienstag, Mittwoch und Donnerstag. Noch eine Eigenheit gilt zu beachten: in etlichen Museen gibt es ein extra Kamera-Ticket. Löst man das, darf man die Kamera mit hineinnehmen und drinnen fotografieren. Nur im Koptischen Museum und in der Bibliothek mußte die Kamera auf alle Fälle abgegeben werden.

Warum Ägypter die Kamera gerne mitnehmen, wird vor allem in diesem Museum klar: sie ignorieren Absperrungen, steigen über sie und posieren neben den Statuen, oft noch mit einem Arm um deren Hüfte gelegt, und - klick-klick! - erklingen die Kameras der Freunde oder der Familie. Manchmal hat man das Gefühl, sie gehen nur deshalb ins Museum, um geeignete Motive zu finden, um sich abbilden zu lassen. Ich merkte auch, dass ich immer wieder beobachtet wurde, weil ich nicht fotografierte, sondern einfach die

Objekte studierte, die Texte dazu las oder mich so im Raum umsah. Etwas für uns Europäer Selbstverständliches, für viele Ägypter anscheinend nicht. Immerhin gehen sie massenhaft in die Museen, es muß eine Freude für die Bildungs- und Kulturminister sein!

Der Palast der Prinzessin Fatma wurde für die Museumsverwendung außen noch dekorativ geschmückt. Außerdem wurden mit der Zeit weitere Gebäude dazu gestellt. Etwa das gegenüber liegende Baumwollmuseum, das nach einem Brand geschlossen ist. Im hinteren Teil der Parkanlage steht das Landwirtschaftsministerium. Im westlichen Teil ist eine Sportanlage, in der unter anderem der Nady es-Said – Schützenklub untergebracht ist.

Im Erdgeschoß des Museums wird die Entwicklung der Landwirtschaft in Ägypten näher gebracht. Besonderem Raum wird natürlich dem Nil eingeräumt. Ein Riesenmodell erklärt die Assuanstaudammanlage. In Seitenräumen wird über Bereiche der Landwirtschaft wie Weizenanbau und Brotherstellung oder Zuckerrohranbau und dessen Verarbeitung informiert. Viele Statistiken und Karten hängen an den Wänden, während teils in Vitrinen, teils offen auf Stellagen Modelle der Produkte ausgestellt sind. Einem großen Teil wird auch den Arbeitsbedingungen eingeräumt. Nationaler Vertrieb und Export werden beleuchtet. Fotos runden das Beschriebene ab.

Das Museum war bei meinen Besuchen immer voll mit Schülern. Diese waren interessiert mit mir auf Englisch ins Gespräch zu kommen, als sich der Topographie und Agrarwirtschaft Ägyptens zu zuwenden. Und wie schon zuvor erwähnt, beschäftigte sie das Fotografieren. Im hinteren Teil des Erdgeschosses wird mit Puppen eine Hochzeitsszene am Land nachgestellt. Mädchen wie Jungs kletterten über die Absperrung und mimten Braut oder Bräutigam neben den Puppen. Die alten Fellachen, die dort mehr schlecht als recht ihren Dienst versahen, pfiffen sie nur zurück, wenn es gar zu wild wurde.

Diese Aufseher können bei Touristen aber sehr wohl aufwachen. Indem sie abgeschlossene Räume des Museums aufsperren oder die Zusatzbeleuchtung andrehen, versuchen sie Trinkgeld zu erheischen. Stellt man das nicht gleich ab, verfolgen sie einem durch das ganze Haus.

Im oberen Stock sind ausgestopfte Tiere ausgestellt und andererseits heimische und exotische Gräser, Bäume und Gewürze erklärt.

Sehr angenehm ist die Parkanlage. Als ich einmal dort rastete und Notizen machte, luden mich Gärtner auf Tee ein. Sie sassen in ihrer Mittagspause unter einem Baum beisammen und brauten sich auf einem Kerosinkocher Tee, aßen Datteln und Äpfel. Sie boten mir sehr starken aber sehr guten Tee an. „Il-Nimsa" ist das arabische Wort für Österreich, für Deutschland ganz einfach „Almaniya". Diese beiden Wörter lassen vor allem die älteren Ägypter immer „Ahs!" und „Ohs!" ausrufen und anerkennende Worte folgen. Deutschland ist in Ägypten für seine Industrie und die Automobilproduktion bekannt und beliebt. Bei Österreich denken wohl die meisten an Deutschlands kleinen Bruder, die älteren Ägypter erinnern sich an Altbundeskanzler Bruno Kreisky. Er suchte den Schulterschluß mit der Arabischen Welt und ging vor allem als erster westlicher Politiker auf PLO-Führer Yassir Arafat zu. Recht viel mehr wissen weder die älteren noch die jüngeren Ägypter über unsere Länder. Wie denn auch! Weder senden unsere Länder Soapoperas im Fernsehen, noch bringt man Aufklärungsfilme und schon gar nicht läßt man Ägypter unsere Länder besuchen.

Deutschland hat aber zumindest das Goethe-Institut in der Stadt, gleich beim Tahrir-Platz. Die Deutschkurse sind mit achthundert Pfund für den Durchschnittsägypter leider viel zu teuer, dennoch ist das Kulturinstitut bei den meisten jungen Ägyptern bekannt. Österreich hat seit kurzem auch ein Kulturforum in einer recht schönen Villa. Leider finden sich immer nur Österreicher und oft auch Briten bei den Veranstaltungen. Kommt man mit ägyptischen Freunden, fällt man auf.

Deutschland hat auch eine Universität in der Satellitenstadt 6.Oktober aufgebaut, in der technische Studien angeboten werden. Die schon genannte italienische Architektin Capressi ging von der TU Wien direkt zur GUC nach Kairo. GUC steht für German University Cairo und erinnert an die AUC, die American University Cairo, die so wie in Beirut schon legendären Stand erworben hat. Aufgrund der hohen Einschreibgebühren, können sich die meisten Ägypter dennoch nichts anderes als ein Studium an der Kairoer Universität leisten.

Da die Kairoer Universität aber als korrupt gilt und die Studiengebühren zwar sehr niedrig sind, die Bestechungsgelder für die Lehrenden sich aber summieren, schließen lange nicht alle eingeschriebenen Studenten ihre Studien ab. Studenten, die studieren und abschließen wollen, weichen deshalb oft auf kleinere Universitäten im Lande aus. Etwa auf die Universität in Benha, nördlich von Kairo gelegen. Am 17. September 2011, am Tag des Beginns des Studienjahres 2011/12, begannen die Professoren an den ägyptischen Universitäten einen Streik. Sie wollten die Entlassung der Rektoren sowie einiger Professoren erwirken, die immer noch Granden des Mubarak-Regimes seien. Vorläufer war die 9. März – Bewegung, die für die Unabhängigkeit der Universitäten im Lande kämpft. Auch die Moslembruderschaft hat eine Bewegung gegründet, sie nennt sich „Professoren für Reformen".

Das Universitätsgelände der Kairoer Universität liegt gegenüber vom Zoo in einer prächtigen Anlage. Vom Landwirtschaftsmuseum geht es südlich durch das Viertel Ad-Doqqi mit der Deutschen Schule an der Sharia ad-Doqqi gelegen und den Studentenwohnhäusern dahinter.

Die Universität geht auf eine Initiative von Intellektuellen und Liberalen Ende des Neunzehnten Jahrhunderts zurück, die ein säkulares Pendant zur alteingesessenen Al-Ahzar Universität schaffen wollten. Im Jahre 1908 war es so weit. Der ägyptische Schriftsteller Taha Hussein soll der erste Student gewesen sein, der seine Studien dort abgeschlossen hat. Zuvor schon hatte er auf der Al-Ahzar und der Sorbonne Universität in Paris studiert. Er wurde später Dekan und dann auch Rektor der Universität in Alexandria. Er setzte sich für Gratisbildung für alle ein, schrieb neben Lyrik unzählige philosophische Abhandlungen und einen autobiographischen Roman, der über seine Kindheit als blinder Bub in Ägyptens Provinz erzählt. Im Zentrum in der Helmiyat al-Ahram Straße steht sein Wohnhaus, das in ein Museum verwandelt wurde. Allerdings fand ich es leider geschlossen vor.

Sind Sie in Doqqi, möchte ich Sie auf das Geschäft Nagada beim Midan El Misaha, einer langgestreckten Verkehrsinsel am Weg zurück zur Doqqi Metrostation, in der Rifaa Straße Nummer dreizehn hinweisen. Der geschmackvolle Laden befindet sich in einer Fünfziger Jahre Villa. Offen hat das Geschäft von halb zehn Uhr vormittags bis sechs Uhr abends.

Der Name geht auf einen Ort auf der Strecke zwischen Qena und Luxor zurück, auf der linken Niluferseite. Und zwar deshalb, weil sich dort schon früh sudanesische Weber niedergelassen hatten, die in einfachen Bahnen unglaubliche Muster von selbstgefärbter Baumwolle webten, die in einem Wurf getragen wurde.

Die in Kairo ansässige libanesische Designerin Sylva Nasrallah griff diese Idee auf und eröffnete zusammen mit dem Kanadier Michel Pastore dieses Designergeschäft. Inzwischen werden Weber an verschiedenen Orten in Ägypten engagiert. Der Stoff kann in Bahnen erworben werden. Die fertige Ware umfasst Decken, Jacken, Kleider und Hüte. Außerdem wird auch Seide aus Indien und China verkauft. Keine Billigware, sondern auch das: edelste Handarbeit. Mit Preisen ist wie in europäischen Boutiquen zu rechnen.

Wenn Sie noch nicht müde sind, können Sie statt zurück zur Metrostation Richtung Nil spazieren. An der Parallelstraße Al-Giza Ecke Kafur Straße steht das Mahmoud Khalil Museum. Es ist die ehemalige Villa eines frankophilen Kunstsammlers, eben Mahmoud Khalil, der seine Sammlung samt der Villa nach seinem Tod dem Staat übertrug. Das Art-Nouveau Haus in dem schönen Garten zeugt trotz der etwas in Mitleidenschaft gezogenen Fassade vom glanzvollen Leben des Establishments vor der Revolution 1952. Selbst die Laternen im Garten sind noch original.

Im Inneren des Hauses meint der Besucher in Paris zu sein, Khalil sammelte hauptsächlich Impressionisten und Künstler aus jener Zeit wie etwa Toulouse-Lautrec. Der Ausblick auf den Garten zwischen den Bildern paßt gut.

Das Museum sollte zehn bis achtzehn Uhr täglich außer Montag offen sein, aber als ich es zuletzt aufsuchte, war es nach einer längeren geschlossenen Periode nur bis vierzehn Uhr geöffnet.

Sollten Sie den letzten Abend schick ausgehen wollen, gefällt es Ihnen vielleicht im Kairoer Jazz Club. Drei junge, unternehmerische Ägypter eröffneten das Etablissment vor etwa zehn Jahren. Es treten lokale wie internationale Größen auf. Ohne Reservierung kommt man nicht hinein und es werden keine Einzelpersonen, sondern nur Paare empfangen. Anscheinend will man mit dieser Etikette Anmache ausschließen. Geöffnet ist täglich ab zwanzig Uhr, Livemusik wird mindestens drei Mal die Woche geboten. Dabei handelt es sich nicht ausschließlich um puren Jazz. Gespielt wird genauso Soul, arabischer Pop, HipHop und Fusion.

Geboten werden außer Musik vor allem auch internationale Küche und Cocktails. Aber natürlich werden die heimischen

Biere sowie auch Heineken und heimische Weine ebenso serviert. Dass man hier nicht in Jeans und Turnschuhen hineinkommt, erklärt sich wohl schon von selber. Dass die Preise für Ägypten sehr hoch sind, vergleichbar mit ähnlichen Clubs in europäischen Großstädten, liegt wohl auch auf der Hand.

Das noble Etablissment liegt auf der 26. Juli Straße in Agousa, Mohandessin. Dem Taxifahrer sollten Sie sagen: „Midan Sphinx“. Der westliche Stadtteil Mohandessin wurde unter Nasser angelegt und es sollten dort – wie es dem Namen entspricht – Techniker und Handwerker untergebracht werden. Heute ist die Gegend vor allem ein Synonym für die gehobene Mittelschicht. Auch Europäer wohnen hier gerne. Hier ist des weiteren die Facebook – Generation zuhause, die auch maßgeblich die Revolution mitorganisierte. Sie forderten ein Ende des Proporzes, Entwicklungsmöglichkeiten für ihre Kinder, soziale Gerechtigkeit und intellektuelle Freiheit. Viele Bücher sind in Ägypten verboten, auch solche von Größen wie Nagib Machfus. Die ägyptische Post öffnet auch Pakete vom Ausland und läßt Unerwünschtes verschwinden.

Ich habe Sie nun durch mein Kairo geführt und es gebe noch unzählige weitere Sehenswürdigkeiten und schöne Plätze gemeinsam zu entdecken. Es gebe auch noch viele weitere spannende Themen zu besprechen. Die Literaturliste am Ende des Buches soll helfen sich weiter zu informieren.

Ägyptens Zukunft ist ungewiss. Die Wahl zum Referendum im März 2011 löste die alte unter Sadat eingesetzte Verfassung auf und bis dato keine neue ein. Solange keine neue Verfassung in Kraft ist, sind die Machtverhältnisse im Staat unklar. Andererseits gibt es mehrere Staaten auf der Welt, die schon jahrezehntelang ohne Verfassung regiert werden, allen voran Israel, oder ohne Regierung bestehen, siehe derzeit Belgien. Mohammad Wakid, Aktivist der Tahrirbewegung, Journalist und

Mitherausgeber des Internetportals „Jadaliyya“, meinte bei einer Veranstaltung in Wien im Herbst 2011, dass der Militärrat als oberste Machtinstanz bis voraussichtlich 2014 bleiben wird und sich die Bevölkerung der direkten Demokratie über Protestbewegungen, Streiks und Straßenaktionen bedienen wird.

Der Unmut in der Bevölkerung gegen die hohe Arbeitslosigkeit, gegen die beinahe gratis Energielieferungen an Israel und die Unterdrückung der Palästininser, gegen die Medienzensur und die finanzielle Abhängigkeit von US-amerikanischen Geldern ist immer noch allgegenwärtig und mit dem Sturz des letzten Pharaos nicht bewältigt. Diese eine Wahl zur Verfassungsgebenden Versammlung im Herbst 2011 wird vielleicht ein kleiner Puzzlestein am langen Weg einer Veränderung der Machtverhältnisse sein, aber sicher nicht mehr.

Eines aber ist klar, Ägypten, das Land am mächtigen Nilstrom, an der Grenze zwischen Afrika und Asien, der Mittelmeeranrainerstaat, wird wie schon so oft in seiner tausendjährigen Geschichte noch lange von sich reden machen. Der Besucher dieses spannenden Landes wird Teil der Zeitgeschichte und das vor allem in der Hauptstadt. In diesem Sinne freue ich mich schon auf meine nächste Reise dorthin – und Sie, verehrter Leser, hoffentlich auch!

Und da diese Buchseiten nur einen Bruchteil der spannenden Hauptstadt Kairo einfangen konnten, besteht noch viel Raum für eigene Entdeckungen.

Literaturverzeichnis

Malise Ruthven/Robert Azzi, Kairo. Time Life International 1980

William Golding, Ein ägyptisches Tagebuch. List Verlag 1987

Hugh Miles, Playing Cards in Cairo,. Mint Tea, Tarneeb and Tales of the City. Abacus 2008

Joris Luyendijk, Die Kinder der Midaq-Gasse. Ein Jahr in Kairo. Rotbuch Verlag 2001

Karima Khalil, Messages from Tahrir. Sign from Egypt's Revolution. American University in Cairo Press 2011

Tahar Ben Jelloun, Arabischer Frühling. Vom Wiedererlangen der arabischen Würde. Berlin Verlag 2011

Intifada, Unvollständige Revolution in Arabien. Magazin Nr. 34, Herbst/Winter 2011

Mohammed Heikal, Das Kairo-Dossier. Aus den Geheimpapieren des Gamal Abdel Nasser. Verlag Fritz Molden 1972

Huda Shaarawi/Margot Badran, Harem Years. The Memoirs of an Egyptian Feminist. Feminist Press at the City University of New York 1987

Edda A. Strohmayer, Stabilität, Friede und Demokratie im Nahen Osten? 25 Jahre Ägypten unter Hosni Mubarak. Nomos 2007

Barbara und Fouad N. Ibrahim, Egypt. An Economic Geography. I.B. Tauris 2003

Jörg Gertel, Globalisierte Nahrungskrisen. Bruchzone Kairo. Verlag transcript 2010

Samia Mehrez, Egypt's Culture Wars. Politics and Practice. AUC Press 2008

National Geographic Art Guide, Ägyptisches Museum Kairo, mit einem Vorwort von Zahi Hawass. National Geographic Deutschland 2001

J.H. Breasted, Geschichte Ägyptens. Kiepenheuer & Witsch 1954

Oskar M. Riedl, Die Maschinen des Herodot. Der Pyramidenbau und seine Transportprobleme. Eigenverlag 1979

Arabische Republik Ägypten – Kultusministerium, Der nächtliche Lichtzauber der Pyramiden. Hachette 1961

Mark Twain, Die Arglosen im Ausland. Insel Taschenbuchverlag 1869/1977

Emil Ludwig, Am Mittelmeer. Rowohlt 1923/1927

Gisela Bonn, Neue Welt am Nil. Tagebuchblätter einer Reise nach Ägypten und dem Sudan. F. A. Brockhaus 1953

Erwin Schweizer, 15 Ampeln und ein leeres Grab. Herder Verlag 1961

Robin Fedden, Ägypten. Prestel Verlag 1977/1981

Klaus Polkehn, Kalifen, Fes und Morgenstern. Zeitbilder aus alten Städten im Vorderen Orient. Der Morgen 1979/1983

Elmar Samsinger, Morgenland & Doppeladler. Eine Orientreise um 1900. Mandelbaum Verlag 2006

Elmar Samsinger, Orient all inclusive. Eine Reise ins Morgenland auf den Spuren der k.u.k. Monarchie. Folio Verlag 2006

Kronprinz Rudolf von Österreich, Eine Orientreise. Hrg. V. Leo Leitner. Residenz Verlag 1994

Hermann Fürst von Pückler-Muskau, Aus Mehemed Alis Reich. Ägypten und der Sudan um 1840. Manesse Verlag 1985

Dieter Lohmeier (Hg.), Carsten Niebuhr und die Arabische Reise 1761 – 1767. Boyens & Co 1986

Horst Nalewski (Hg.), Rainer Maria Rilke. Reise nach Ägypten - Briefe, Gedichte, Notizen. Insel Verlag 2000

Gustave Flaubert, Reise in den Orient. Kapitel Ägypten.Nubien. Oktober 1849 – Juli 1850. Insel Taschenbuch Verlag 1985

Pierre Loti, Ägypten. Reisebilder. Schuster & Loeffler 1910.

Hg. Reinhard Hillich, Arthur Conan Doyle, Tatort Ägypten. Ein Drama in der Wüste. Wiesenburg Verlag 2008

Gamal al-Ghitani, Das Buch der Schicksale. C.H.Beck Verlag 2001

Nagib Machfus, Der letzte Tag des Präsidenten. Unionsverlag 2001

Nagib Machfus, Die Kairo Trilogie. Unionsverlag 2004

Nagib Machfus, Die Midaq-Gasse. Unionsverlag 2007

Chalid al-Chamissi, Im Taxi. Unterwegs in Kairo. Lenos Verlag 2011

Muhammad al-Bissati, Hunger. Lenos Verlag 2010

Selim Nassib, Stern des Orients. Der Lebensroman der Sängerin Umm Kalsum. Unionsverlag 1999

Miral al-Tahawi, Die blaue Aubergine. Unionsverlag 2004

Nawal El Saadawi, Eine Frau auf der Suche. Dtv 1992

Salwa Bakr, Der goldene Wagen fährt nicht zum Himmel. Lenos Verlag 1997

Agatha Christie, Rächende Geister. Fischer Taschenbuch Verlag 1929/2005

Christiane Desroches Noblecourt, Hatschepsut. Die geheimnisvolle Königin auf dem Pharaonenthron. Bastei Lübbe 2007

Alaa Al-Aswani, Ich wünscht ich würd Ägypter. Lenos Verlag 2009

Walter Grond, Almasy. DtV 2005

Barbara Frischmuth, Vergiss Ägypten. Ein Reiseroman. Aufbau Verlag 2008

Markus Werner, Der ägyptische Heinrich. Residenz Verlag 1999

Amal Ramsis, Forbidden (Film). Ägypten / Spanien 2011

Hg. Roger Willemsen, Die wundersamen Irrfahrten des William Lithgow. Mit Illustrationen von Papan. Übersetzt von Georg Deggerich. (Audio-CD) Lübbe Audio 2009 (ebenso in Buchform im Mare Verlag erhältlich)

Die meisten der hier angeführten Bücher sind vergriffen und können nur mehr antiquarisch erworben werden. Siehe auch in Bibliotheken sowie auf www.booklooker.de und www.zvab.com.

Die Bücher der Kairo University Press gibt es in den genannten Buchhandlungen wie in vielen weiteren in Kairo zu kaufen.

The Anglo Egyptian bookshop
165, Mohamed Farid Straße
Down Town
Kairo
Mo – Sa 9h – 20h

Buchhandlung Lehnert & Landrock
44, Sherif Pasha Street
Downtown
Kairo
Mo – Sa 10h – 20h

Danke an Mina, Alfred, Mamdouh, Magda, Kamil, Kasimir, Germaine, Ahmed, Zainab, Rehab und den vielen weiteren Ägyptern und Europäern, die mir in Kairo weiterhalfen!

Danke auch an das Ägyptische Fremdenverkehrsbüro und an das Österreichisch – Arabische Kulturzentrum, beide Wien. Und *last but not least* – danke meiner Familie!

Anm.: Die Namen der Charaktere im Buch sind willkürlich gewählt. Ausnahmen sind die politischen Figuren, die im Buch vorkommen.

Gräber der Mamelukensultane zu Kairo.

Moschee Mehemed Ali.

Schariah el Tabbdueh.

Pyramiden

Von Elisabeth Gschaider
ebenfalls im Wiesenburg Verlag erschienen

Bosniens Vielfalt erleben

Auf den Spuren der großen Reiche

116 Seiten · gebunden · 16,90 €
Wiesenburg Verlag · ISBN 978-3-939518-00-6

Im Wiesenburg Verlag erschien auch

Arthur Conan Doyle

Tatort Ägypten

Ein Drama in der Wüste

236 Seiten · gebunden · 17,80 €

Wiesenburg Verlag · ISBN 978-3-939518-74-7